可行性預測 × 市場數據 × 股權分配 × 現金流控管……
從內行視角看投資的門道，不要只知道高風險高回報！

I NVESTMENT STRATEGY

從初步策略到高階執行
布局投資

沒有任何時代比現在更適合創業，
也就是說，創新產業蓬勃發展時，「投資」的回報也跟著起飛！

李強——著

評估企業價值、風險全面預測、股權架構設計……
專家說過：不做研究的投資，就像打牌不看牌的那種盲目！

目錄

第 12 章　股權分配方案：投資者要占多少股權

後記

前言

　　頂尖投資專家彼得‧林區（Peter Lynch）說過：「不做研究就投資，與玩撲克牌卻不看牌一樣盲目。」他在麥哲倫基金（Magellan Fund）任職時，僅用 13 年時間便讓自己管理的資金，從 2,000 萬美元成長至 140 億美元。這需要有何等高超的投資智慧！

　　正所謂「知己知彼，百戰不殆」，想成為一個像彼得‧林區那樣出色的投資者，關鍵是要做好研究工作，看清楚自己的牌。同時，了解對手的想法和技巧，然後據此設計攻守策略，從而把勝算牢牢掌握在自己手中，並堅持自己的投資信仰。

　　這是一個幾乎可以零門檻創業的時代，好像全世界投資者的目光都聚焦在創業者及其背後的專案上。與此同時，擁有一定財富累積的投資者群體也在不斷擴大。伯恩斯坦（Rich Bernstein）、喬治‧索羅斯（George Soros）、伯納德‧巴魯克（Bernard Baruch）、里德‧霍夫曼（Reid Hoffman）……越來越多優秀的投資者在這樣的形勢下湧現，他們都希望自己能憑藉敏銳的投資觸角，從而獲得高報酬。

　　在我看來，未來的投資領域，將是高段位參賽者的競技場，對投資的深度認知是投資者必備的「入場券」。兩位背景相似的投資者，如果其認知程度相差 5%，那麼投資報酬率可能就相差一千倍，甚至一萬倍。當別人問我投資的祕訣是什麼時，我也會告訴對方這樣的答案：「多年發展與磨礪所形成的深度認知，以及對這個認知的嚴格貫徹與執行。」

　　剛進入投資領域的投資者，大多缺乏完全成形的認知。此時，這些投資者就需要一本投資手冊來幫助自己培養認知能力，獲得更多投資知識，形成有效的投資理念。幸運的是，在投資領域深耕多年的我，有一定的認知與實踐經驗的累積。於是，我決定將兩者融會貫通，並編纂成書，希望藉此幫助投資者走出困境，找到在投資中避免犯錯的策略和技巧。

　　俗話說「外行看熱鬧，內行看門道」，投資領域亦是如此。本書以內行人的視角介紹投資方法，從投資規劃、投資流程與規範、市場分析、企業團隊考察、盡職調查……等諸多面向，對投資進行介紹，用生動、流暢的語言，分享豐富的投資案例，兼具可讀性與實作性。

　　每個人都應該把時間用在真正有意義的事情上，畢竟做對的事情比把事情做對更重要。越早規劃自己的投資生涯，就越有可能讓財富奔湧而來。我常聽到有人透過投資獲得鉅額收益，於是就想，既然這些人可以做到，那麼下一個成功者為什麼不能是我呢？

　　我自認為愛學習，之前也的確透過學習改變很多觀念和處事習慣，理解投資的價值和重要性。因此，我認為有必要將自己學到的知識跟大家分享，幫助大家把投資夢想變成現實。我將自己在投資領域潛心鑽研多年的成果都融合在本書中，若書中尚有可補足之處，懇請讀者朋友們予以指正。

第 1 章

投資規劃：始於規劃，終於經驗

　　任何投資者在投資前都要心裡有數，制定一個完善的方案，並將自己的經驗融入其中。投資就是「投入資源」，是一種分配資源的藝術。由於資源不是無限的，因此重點是將有限的資本分配到效益更大的專案中。

　　從本質上來說，為投資制定方案是一個決策的過程。這個過程強調資本的時間價值，即確保今天投入 1 元，明天可以獲得 10 元、100 元，甚至上千元。

1.1
投資像車輪，驅動力不可少

我經常聽到有人問：「是什麼驅使投資者做投資，而不把錢用來創業呢？」這個問題似乎沒有標準答案，因為不同的人有不同的投資目的。但可以確定的是，絕大多數投資者在投資時，都需要有一個驅動力。這個驅動力促使其心甘情願並堅持把錢投出去。對投資者來說，投資雖然會犧牲資產的現值，但也有很大機率獲得更高的未來價值。

1.1.1
萬物皆有週期，投資亦然

投資者關注的焦點是企業，研究企業的發展階段，掌握各階段的特點，並基於此做出相應的決策，這是其工作重心。1980 年代末，美國教授伊查克·愛迪思（Ichak Adizes）在研究、輔導過上千家企業後，創作了《企業生命週期》[001] 這部經典著作。

在這本書裡，他將企業的發展過程與人類進行類比，提出企業生命週期理論。企業的發展過程被愛迪思劃分為十個階段，包括孕育期、嬰兒期、壯年期、死亡等。此後多年，眾多學者不斷對其理論進行完善，

---

[001] [美] 伊查克·愛迪思，《企業生命週期》[M]. 王玥 譯，2017

並將企業的發展濃縮成四個階段：初創期、成長期、成熟期和衰退期。這也是當前被廣泛採納和應用的劃分方式。

有些投資者傾向投資處於高速成長期的企業，也因此獲得一定的超額報酬。但實際上，企業的每個發展階段都有其獨特的魅力，也有不同的投資價值。

1. 初創期

在初創期，企業往往忙於掙扎著求生存，獲利情況並不理想，且鮮少能搭建完善的管理制度，因而其核心競爭力很弱。處於這個階段的企業，常常在某些方面有特點，但缺乏綜合競爭力。這個階段風險極大，稍不留神，初創團隊就可能面臨失敗。所以這個階段的企業不適合普通投資者投資，但卻容易受到天使投資者的青睞。

2. 成長期

當企業發展到成長期時，其產品通常經過消費者的試用，並以自身優勢贏得一部分消費者的偏好。與此同時，同類企業之間出現相互競爭的局面，這種局面會持續較長的時間。在這個時期，企業需要藉助外部資本來提升自己的競爭力，並充分發揮負債的財務槓桿作用，從而實現快速擴張。

但需要注意的是，成長期的企業會面臨較大的競爭風險，其產品有很大機率會引起其他企業的關注和模仿，企業的破產率與被兼併率會很高。所以投資者必須警惕這種激烈競爭下的成長陷阱，避免隨時可能產生的風險，以免被套牢。

3. 成熟期

　　成熟期的企業為了鞏固自己的行業地位，會在行銷上花費較多，其獲利處於穩定或下降的狀態，但產品價格會提高，整體發展速度開始放緩。當然，其股票也從成長股蛻變為價值股，讓投資者「放長線釣大魚」。在這個階段，企業重視投資者的報酬，對投資者來說是好的投資機會，但投資者要警惕企業在渺無聲息中進入衰退期。

　　對任何一家處於成熟期的企業來說，走向衰落都是難以避免的，其原因通常是因循守舊、喪失發展精神等。企業只有不斷對策略和方向進行調整，時刻保持對市場的敏銳度，才能不斷延長成熟期，獲取更多收益。

　　但投資者需要注意「大船難掉頭」。規模已經發展起來的企業，轉型更加困難，因為其成本更高，內部阻力更大，營運思維、產品開發模式、技術等方面都需要進行調整。這也對企業管理者提出更高的要求。

　　2012 年伊始，祖克柏（Mark Elliot Zuckerberg）宣布 Facebook 將堅持「以移動為先」的理念。為了推行這個理念，他要求取消所有仍然以電腦端產品為 PPT 開頭的會議，並要求與會人員將與移動端產品相關的內容，在會議開始時進行展示與闡述。

　　享受了移動社交紅利的祖克柏，又在 2021 年 10 月末的 Connect 開發者大會上宣布轉型，將大家耳熟能詳的 Facebook 更名為 Meta，正式進軍元宇宙領域。

4. 衰退期

衰退期的持續時間可能會很長，企業的資產負債率也會由於內部資金不足、缺乏權益融資管道等原因，而處於相對較高的水準。這個階段的企業顯然不適合普通投資者投資，但可能非常適合禿鷲投資者。[002]

1938 年夏，在老師的幫助下，史丹佛大學電氣工程系的畢業生威廉·惠利特（William Hewlett）和大衛·普克德（David Packard）在車庫裡創辦了惠普公司（HP）。從此，矽谷車庫創業模式以及獨具一格的「惠普之道」管理模式，成為矽谷的精神核心。

然而，即使是這樣一家偉大的企業，如今也正處於衰退期。據相關數據統計，截至 2021 年第三季度，惠普的庫存總價值約為 82 億美元，庫存天數高達 62 天。雖然 82 億美元的庫存總值不足以威脅其生存，但電腦技術日新月異，62 天的庫存天數，足以讓其產品的競爭對手搶盡風頭。

處於衰退期的企業隨時可能「壽終正寢」，而初創企業更可能隨時夭折。對此，傑佛瑞·摩爾（Geoffrey A. Moore）在經典著作《跨越鴻溝》（*Crossing the Chasm*）[003]中提出一個非常重要的概念 —— 死亡谷（valley of death）。

死亡谷對企業和創始人來說幾乎是必定會經歷的煎熬期和蛻變期。以馬斯克（Elon Musk）的經歷為例，他在建立美國太空探索技術公司（Space X）早期，也曾因為資金短缺而承受非常大的壓力，經常在深夜

---

[002] 專門處理有問題或即將倒閉的企業投資者。他們會買賣此類企業，消化此類企業的呆帳，解決企業破產後的種種遺留問題。

[003] [美] 傑佛瑞·摩爾，《跨越鴻溝》[M]. 趙婭 譯，2009

失眠，並大喊大叫。在死亡谷階段，創業者和企業都在掙扎著求生存，一失足便可能萬劫不復。而只有成功跨越死亡谷的企業，才有可能迎來風雨之後的海闊天空。

將企業發展劃分為上述四個階段的界限不是固定的。例如，波里（Polli）和庫克（Cook）就傾向於將實際銷售量百分比變動的正態分布作為界限。在我看來，如果投資者可以掌握像特斯拉等知名企業的初創期和成長期，陪伴這些企業從「小孩」慢慢變成「青壯年」，那麼投資者將非常幸運。如今，知名企業已發展成各自領域的龍頭，未來還會有更大的成長空間，只是成長率會有所放緩，但這並不影響投資者獲得穩健的收益。

投資者對企業的發展階段進行研究，不僅可以獲得超額報酬，還能避免企業估值下降導致的「投機損失」。例如，美國的強生、微軟、沃爾瑪等都是「護城河」（能長期維持的差異化）非常寬的企業，但它們近幾年的股價表現並不突出，投資者如果長期持有這些企業的股票，反而可能會略有虧損。

當然，擁有兩次或多次生命的企業也不少。例如，經營陷入困境的蘋果公司，在賈伯斯（Steve Jobs）的領導下進入第二次成長期，股價迅速上漲；比亞迪從電池行業的龍頭企業發展為汽車行業的佼佼者，又布局新能源領域，也相當於獲得了第二次生命。

在企業的不同發展階段，投資者扮演不同的角色。因此，投資者應該給自己一個清晰、準確的定位，確立自己和企業的關係、應該在企業的哪個階段為其投資、預期的年均複合收益率是多少⋯⋯等問題。投資者的資金來源和投資成本不同，對收益的預期也不同。但可以肯定的是，擁有明確的收益預期，是投資者做出精準投資決策的前提。

有些人認為，初級市場有進入壁壘，對投資者的經濟實力、風控經驗等有很高的要求。因此，與次級市場中的投資者相比，初級市場中的投資者更有可能獲得豐厚的超額收益。這種觀點有一定的道理。但如果企業在上市後仍然處於成長期，那麼投資者就不能透過投資這樣的企業獲得超額收益嗎？答案當然是否定的。

因此，投資者不能只關注初級市場，享受高成長企業帶來的高報酬，而應該適當進入次級市場，扮演好股東的角色。與此同時，投資者要了解企業目前處於什麼階段、在市場上的地位和競爭力如何，這樣才能為投資奠定堅實的基礎。

1.1.2
價值的底色：投資究竟能帶來什麼

投資是對社會資源進行管理與配置的一種方式。社會能否進步、企業能否向前發展、人們的生活品質能否得到改善，在一定程度上取決於資源能否被合理、有效率地管理與配置，也就是取決於資源是否得到最大化利用。

一個無法否認的事實是：投資者看重報酬，往往傾向於投資有自我增強能力的企業和創業者。但高報酬通常來自於夠好的產品和服務，就像大家在日常生活中使用的產品和服務，有很大一部分是投資的產物一樣。無論是網際網路、新能源汽車，還是基礎建設、設施，都可能受惠於資本。甚至曾一度陷入停滯狀態的宇宙探索，都在資本的支持下煥發出新的生機。

2002 年，一個年輕人把自己的企業以 15 億美元的價格出售給 eBay。他利用這筆錢，聯合其他投資者，創辦了一家私人航空公司，希望開拓航空領域的版圖。這個年輕人在經歷多次失敗後，終於成功實現了火箭回收技術的突破，推動了人類航空事業的發展。這個年輕人，就是大家熟知的馬斯克。

如今，以馬斯克創辦的 SpaceX 為代表的一批市場化航空企業，包括理查・布蘭森（Richard Branson）的維珍銀河（Virgin Galactic）、貝佐斯（Jeff Bezos）的藍色起源（Blue Origin）等，都在用自己的方式推動人類駛向星辰大海。而這與資本的本質是分不開的。

資本往往以結果為導向，它的介入，會督促企業制定出可持續又切實可行的發展策略，從而避免陷入因為缺少系統規劃而持續投入，卻效果平平的尷尬局面。

歷史的車輪滾滾向前，技術應用的邊界不斷延伸。從半導體到網際網路，從汽車到手機，從感冒藥到疫苗，生活的各個方面都在被技術應用推著向前發展。這些成就的背後都有資本的加持，這難道不是投資展現出來的價值嗎？

相關數據顯示，在 1974 ～ 2021 年上市的 1,400 多家企業中，有大約 43％的企業獲得風險資本的投資。此外，2020 年，有 9,000 多家企業獲得注資，平均每天有近 25 家企業，它們獲得總計 3.87 億美元的投資。這意味著投資者用自己的方式和邏輯，將更多資源配置給高品質的企業。

投資者肯定希望盡自己所能賺取更高報酬，但投資的價值絕不止於此。在逐利的表象下，投資的價值是讓優秀企業為社會做出更大的貢

獻。大家不妨將投資理解為以投入資本的方式支持優秀企業，企業在推動社會進步的同時，獲得收入和市值的攀升；而投資者在成功助力企業發展、回饋社會的同時，獲得高額報酬。

聰明的投資者可以正確了解投資的價值，以推動學術理論與先進技術的落地應用為目的進行投資。當然，有些投資者只是為了逐利才投資，這無可厚非。但這種沒有根基和實際價值的做法，終究是空中樓閣，結果往往是泡沫破碎、滿地狼藉。

1.1.3
思考：我為什麼要投資

很多朋友都曾問過我當初為何決定進軍投資領域。很多人進行投資只是為了賺錢，但對我而言，原因沒有這麼簡單。其實我曾經有很多創業經歷，只是在機緣巧合下，遇到了一個很好的契機，才進入投資行業。

在那個契機來臨時，我深刻地意識到自己對投資行業是感興趣的。既然有一個自己喜歡的行業擺在面前，那我索性堅定、勇敢地走下去，用另一種方式投身於創業的浪潮。

我進入投資行業的初心是希望自己能夠為在美華人的創業文化培養以及優秀專案的發展提供一定的支持，幫助他們累積經驗，攜手孵化未來。這也是我們基金的名稱 —— 豐元資本（Amino Capital）的由來。「元」代表開始，意味著豐元資本是早期投資機構，關注的是初成立、還只是一顆「種子」的企業；「豐」則代表豐茂，意味著豐元資本的目標是與「種子」型企業一起發展，幫助它們好好地成長為「參天大樹」。

Amino Capital 基金的英文名稱也來自於很多有趣想法的碰撞。例如，我希望以 A 開頭，這樣在以首字母對基金進行排序時，我們基金的位置會靠前，這就像貝佐斯以亞馬遜（Amazon）為企業命名一樣。最終，我們的合夥人提議以「Amino」一詞作為基金名稱。一方面，「Amino」的本意是「胺基」，胺基是構成胺基酸的必要物質，而胺基酸是構成生命所必需的蛋白質的基本單位；另一方面，我們也希望基金的投資服務能夠賦予優質企業和技術生命力。

多年來，團隊一直堅持以數據驅動為主線，投資領域涉及人工智慧、數據安全、軟體服務、醫療健康、IoT（Internet of Things）等。因為我們相信，數據已經是當下及未來最重要的資源，是新時代的「石油」。無論是數據採集與應用，還是數據安全維護，都能夠催生出很多商機，因此數據行業是投資者應該抓住的投資主線。

我之所以要講述自己進入投資行業的契機，是想鼓勵正在讀這本書的讀者思考自身行為背後的真正動機。無論是誰，如果想全身心做好一件事，那就必須有一個強大的驅動力，並明白自己做這件事的目的是什麼。如果只是想賺快錢，那就是純粹的投機，這與投資有本質上的不同。很多人在剛進入投資行業時就經歷失敗，可能就是因為缺少驅動力。

但如果投資有改變成長軌跡的作用，同時還會影響人們的日常生活方式，甚至會推動社會發展，那麼人們應該投資嗎？關於這個問題，我的建議是應該。當然，這件事也許說起來簡單，但做起來難。不過，最好的開始時間就是現在，所以，請勇敢一些，積極響應投資時代的號召。

1.2
用理念「武裝」自己，投資有籌碼

投資不可怕，也沒有那麼困難。但是，任何與投資理念相違背的行為，都有可能讓投資者變成一個賭徒。這些投資者大多缺乏投資知識和投資經驗，不知道應該如何武裝自己。因此，投資者要樹立正確的投資理念，讓自己有更多籌碼在投資市場中獲勝。

1.2.1
賺錢不易，投資要有實業眼光

所有投資者都應該思考一個問題：如何才能成為一名合格的投資者？這個問題其實不難解決，大家只需要記住一個重點：用實業眼光做投資。

首先，思考自己投資的是不是一門好生意。

好生意通常有兩個衡量標準：一是它擁有其他生意沒有的價值；二是它的模式可以複製、可以反覆做。前者代表門檻，決定利潤的高低和未來的發展趨勢；後者代表可複製性，決定銷售成長率。但在現實中，一門生意往往無法兼顧二者，因此投資者可以優先選擇有門檻的、低成長率（可以持續發展）的生意。因為門檻是現成的，容易掌握，而可複製性則很難預測。

其次，分析行業的競爭格局及企業的優勢。

投資就是選擇企業。選擇企業時，投資者要看企業所處的行業及其優勢。行業的「護城河」往往非常寬闊，所帶來的利潤也會更大機率地超出投資者的預期。投資不是一件隨便的事，投資者只有堅持以實業眼光評估企業的價值，不被市場波動所影響，才有可能獲得更高的投資收益。

最後，考量價格和價值的關係。

評估企業的價值，需要對企業未來能獲得的收益和可能遭遇的風險進行綜合評估。在任何投資中，只有價格低於價值，投資者才可以獲得正向報酬。而想判斷企業的價值，尤其是未來價值，則需要有實業眼光和對行業發展脈絡的理解與掌控。

豐元資本匯聚了很多經驗豐富、踏實的合夥人，包括 Hotmail（被微軟以 4 億美元收購，後更名為 outlook 信箱）的創始人傑克・史密斯（Jack Smith）等人。這些合夥人都有很多耀眼的工作和投資經歷，同時也具備深厚的行業和企業營運經驗。這使豐元資本能夠充分發揮人才優勢，以敏銳的實業眼光做投資。例如，矽谷的創新企業都希望在占領美國本土市場的同時，進軍華人市場，它們需要有華人背景又深諳矽谷規則的投資者，從而使自己更能對接華人市場。我和團隊夥伴們看見其中的商機，於是選擇有發展前景的創新企業進行投資，幫助它們開拓藍海市場，進一步提升它們的競爭力。

想以實業眼光做好投資，投資者就要研究不以人的意志為轉移的規律，不能總是糾結於市場如何變化。不以人的意志為轉移的規律，包括經

濟發展規律、行業特質、商業模式等，它們在短期內是不會有太大變化
的。投資者要將這些規律研究透澈，從而為企業打造持續的競爭優勢。

1.2.2
逆向投資：千萬別做羊群裡的「羊」

在投資中，逆向思維很重要。無論是巴菲特（Warren Edward Buffett）、索羅斯，還是坦伯頓（John Marks Templeton）、卡爾·伊坎（Carl Celian Icahn），這些投資領域的專業人士都具有非常強的逆向思維能力。

關於逆向思維，Facebook 的首位外部投資者彼得·提爾（Peter Thiel）說過：「逆向思維，並不是為了和別人持不同意見而持不同意見。如果這樣，就不再是逆向思維，僅是加了個負號的延續性思維 —— 先看看主流輿論是什麼，然後在前面加個負號。」

真正的逆向思維是獨立思考，不隨波逐流、人云亦云。當然，逆向思維不是要求投資者與其他人唱反調，而是讓投資者挖掘自己感興趣、但其他人還沒發現其優勢的領域。

此外，彼得還強調逆向思維與一個人提出好問題的能力息息相關。如果投資者提出的問題不太簡單也不太難，那麼他就能回答這個問題，並回答得很有趣。也就是說，如果投資者可以從「提出好問題」入手，那麼就能夠得到很多有趣的結果。

有些投資者雖然努力，但沒有真正提出過好問題，而是提出一些大家都在思考和研究的問題。此類投資者難以脫穎而出。從這個角度來看，逆向思維並不僅僅指必須給出與眾不同的答案，「提出與眾不同的問題」也是一個非常不錯的著眼點。

　　彼得認為逆向思維有以下兩個要點：一是找到其他人不太感興趣、但自己很想探索的領域；二是提出好問題。

　　我非常認同彼得對逆向思維的看法。在投資時，我也的確經常受到逆向思維的啟發和影響。我之前投資報酬率較高的專案，都不是靠搶獲得的，而是在其他投資者都不看好專案、創業者找不到外部資本的情況下，我決定投資，才得到的。

　　大家都在追逐的專案，其價格往往已經被壓榨到極致，這是一個基礎的經濟學道理。如果一個專案的價格已經完全展現在估值裡，那麼它就很難有獲利空間。因此，只有早先一步獲取關鍵消息，並作出準確判斷，找到沒有被挖掘的市場，才更能抓住機會，進而獲利。

　　我們團隊之前投資了一家在 2013 年創立於舊金山的金融科技企業。該企業名為 Chime Bank，主要透過手機為客戶提供免手續費的簽帳金融卡辦理、自動提款機等多種銀行服務。其目標群體是年收入 3 萬～ 7.5 萬美元的美國人，獲利主要依靠這些人使用簽帳金融卡的次數來實現。

　　我們團隊與 Chime Bank 相識前，這家企業已經努力了 3 年，但只獲得 4 萬個客戶。由於當時美國的簽帳金融卡體系不完善，再加上 Chime Bank 的客戶情況不理想，因此其創始團隊屢屢碰壁，被眾多投資者拒之門外。

　　然而，我們認為，結合市場情況判斷，美國在簽帳金融卡方面的需求會有進一步的提升，而且發展空間很大，相關企業的未來可期。在經過仔細分析和多次溝通後，我們最終決定幫助很多投資機構都不看好的 Chime Bank，在早期投資了一筆錢。

　　現在，Chime Bank 已經是我們投資的明星專案之一。對很多企業造

成巨大衝擊的新冠肺炎疫情，反而帶給 Chime Bank 快速發展的新機遇。僅在 2020 年，Chime Bank 的交易量和收入，就比 2019 年成長了 3 倍以上，我們也因此獲得很高的報酬。

2020 年 9 月，Chime Bank 宣布在 F 輪融資中籌集到 4.85 億美元。其估值成長到 145 億美元，超過股票交易軟體 Robinhood，成為當時美國金融科技領域估值最高的「獨角獸」。2021 年 8 月，Chime Bank 完成 G 輪融資，籌集到 7.5 億美元，估值上漲至 250 億美元。現在，這家沒有任何線下實體分行的新式銀行 Neobank，已經成為整個行業的新標竿。

我們之所以投資 Chime Bank，除了緣於我們自己對行業的理解與判斷，也因為其創始人擁有對市場情況的深刻洞見和豐富經驗。Chime Bank 的聯合創始人兼執行長克里斯・布里特（Chris Britt）擁有 10 年以上的銀行工作經驗，其技術長更是精通軟體業務，我和他們兩人的合照如圖 1-1 所示。

圖 1-1 李強（左）與 Chime Bank 創始人（中）和技術長（右）

我們覺得這個年輕、有超強管理能力的團隊很值得期待，決定用實際行動支持他們的事業，因此成為他們最早期的投資者之一。

我一直強調投資不能跟風，投資者必須有自己的判斷，用一句話來說，就是「布局在浪潮來臨之前」。在投資時，投資者要判斷 5 年、7 年、10 年後的市場情況。正所謂「機會是留給有準備的人」，當投資機會來臨時，成功的企業往往在幾年前就開始布局，那些隨波逐流的企業則要進行更激烈的競爭，而競爭之下自然會產生失敗者。

1.2.3
勝而後求戰，成本論不無道理

投資者在投資時往往會遇到四類企業：便宜的好企業、貴的好企業、便宜的壞企業、貴的壞企業。投資者很難判斷和掌握企業的好壞，但可以控制投資的成本。

如果用較低的成本投資一家企業，那麼即使這家企業的發展情況不夠理想，它也只是從「便宜的好企業」變成「便宜的壞企業」，而投資者遭受的損失也是有限的。但如果投資者沒有控制成本，那麼一旦企業發展得不順利，「貴的好企業」就會變成「貴的壞企業」，此時投資者遭受的損失將會很大。

因此，只要投資的成本夠低，投資者就相當於進行了有效的風險控制。而且，當成本足夠低時，投資者賺錢的機率也會更大。正如沃爾瑪的創始人山姆・沃爾頓（Samuel Moore Walton）所說：「只有買得便宜，才能賣得便宜。」在此理念的指導下，沃爾瑪獲得了巨大的成功。這個理念也非常適用於投資領域。

我們團隊曾經投資一家致力於研究基於神經網路的影像識別技術的企業 Orbeus。由於當時投資成本不高，再加上我一向偏愛科技企業，因此我們便果斷參與了 Orbeus 的種子輪融資。而事實也證明，這次投資是明智的。

在我們投資 Orbeus 一年多後，它就被亞馬遜收購。其實當時除了亞馬遜以外，蘋果公司也對 Orbeus 非常感興趣。但出於要保密的緣故，Orbeus 在和蘋果公司進行價格談判時，不得不含糊地說：「還有其他企業對我們感興趣，想收購我們。」

但當時蘋果公司的負責人並未當真，還覺得 Orbeus 之所以這麼說，無非是想讓收購的價格高一些。結果當亞馬遜順利收購 Orbeus 的消息宣布後，蘋果公司的負責人非常生氣，也十分後悔。如今，Orbeus 已經成為亞馬遜影像識別軟體（Amazon Rekognition）的前身，Orbeus 的一位聯合創始人也已經成為亞馬遜雲端計算服務（Amazon Web Services，AWS）的首席應用科學家。

當一家公司同時具備「便宜」和「好企業」這兩個特徵時，投資者的投資很可能會成功。如果一家公司同時具備「貴」和「好企業」這兩個特徵，那麼投資者的投資會較平庸。投資一家便宜的好企業，就相當於和德才兼備的人交朋友，無論是從短期來看，還是從長期來看，投資者都有很大機率會獲得驚喜。

1.3
願望清單：想成為哪種投資者

「投資需謹慎」通常是投資者進入投資領域獲得的第一條忠告。然而，在經過一段時間的摸索、訓練後，有的投資者賺到了錢，有的投資者卻陷入被套牢的困局。這是因為市場上有懷著各種目的的投資者，有只想短期逐利的、有試圖控制企業的、有想成為企業策略合作夥伴的……他們在市場中「八仙過海，各顯神通」。投資目的不同，其產生的結果自然也不同。因此，在投資前，投資者要為自己定位，確立自己的投資目的。

1.3.1
逐利為先，短視心態在作怪

一部分投資者以獲利為目的做投資，希望透過投資，獲得經濟上的報酬，並在恰當的時機套現。這種投資者通常更關注投資報酬率，而對企業在未來有沒有上市的可能性，則不太看重。換言之，在他們的投資思維中，逐利和短視心態是占據主導地位的。

但投資看重的是長遠發展的最終結果，而對最終結果產生影響的最大因素，就是時間。從經濟和金融的角度來看，時間是有價值的。從資

本的角度來看，時間是最大的投資成本。分別用 3 年和 10 年的時間去賺取 1 倍的報酬，其投資價值自然完全不同。

投資者身為促進資本流動的有力推手，應該有清晰、合理的是非標準，致力於投資有正能量的團隊和希望用技術造福人類的企業，不能一味地看重短期收益。如果投資者為了快速獲利而只關注短期收益，選擇投資看起來更有發展前景的企業，那麼就很有可能錯過「潛力股」。

做逐利型投資者還是有風險的，投資者不應該太被短視心態影響，否則很可能落得「偷雞不著蝕把米」的結果。

1.3.2
撬動企業根基，當控制者

投資者和企業創始人應該意識到企業控制權的重要性，也應了解企業控制權配置不合理所引發的風險。某創投的一位管理合夥人說過：「創始人的思想、願景、領導力代表企業的『靈魂』，如果創始人喪失了對企業的控制權，那就意味著這家企業喪失了『靈魂』。」事實果真如此嗎？投資者和創始人到底誰應該當企業的控制者？

一般來說，企業創始人掌握著企業的控制權。如果企業控制權旁落，那麼在關鍵性決策上，投資者和創始人的意見很可能不一致。一旦意見不一致，就會導致決策延誤，甚至會出現決策失誤的情況。在市場瞬息萬變的情況下，絕大多數企業都受不了這樣的打擊。那麼，這是不是意味著投資者不能為企業做決策呢？答案是否定的。

其實在我看來，誰有足夠的能力和經驗，誰的決策更合理，誰就應該是企業的控制者。有些人在國外花 1 ～ 2 年的時間學金融或管理知識，

為自己鍍金，回國後就立刻成為投資者。他們與在行業內奮鬥多年的企業創始人相比，並不適合當企業的控制者。

如果面對的是缺少經驗、沒有決策能力的投資者，那麼企業創始人可以透過董事會設計、股權分配等方式，把企業控制權牢牢掌握在自己手裡，不使其旁落。

如果與投資者相比，創始人的能力和經驗居下風，那麼創始人就應該在適當的時機放棄企業控制權，而不是一直堅持。例如，一些企業家會在企業發展到一定程度時，將控制權交給綜合實力更強的全球前 500 大企業之一。

無論是創始人自己控制企業，還是投資者控制企業，本質上都是人治。現在各行各業都需要集體決策機制，以便同時聽取創始人和投資者的意見。但在這個方面，很多企業的布局都不太完善。所以，企業不妨從這個方面入手，一旦集體做出決策，那麼之後的工作和相關措施，就都圍繞著決策展開，從而更能維護和穩定企業秩序。

1.3.3
策略協同，不讓投資變「獨角戲」

有的投資者希望透過投資來彌補自己在某個領域的缺點，使被投企業與自己的主要經營業務產生策略協同。這種投資者通常具備技術、管理、人才等方面的優勢，可以促進產業結構更新，幫助企業提升核心競爭力與創新能力，也能對創業者產生深遠的策略影響。

　　策略投資者與被投企業通常處於同一行業的不同環節或鄰近行業，這樣可以實現協同，進而加強企業管理，使企業獲得更大的發展機會，例如 Google 可以是網際網路企業的策略投資者。

　　對企業來說，獲得策略投資者的投資，是其發展策略的一部分，也是出於對成本、市場等方面的綜合考量。策略投資者的持股年限一般為 5 ～ 7 年，他們更追求長期利益，這也是其有別於以逐利為先的投資者的重要特徵之一。

　　為了參與企業的營運和管理，策略投資者可以提出派駐高階管理人員或替換高階管理人員的條件，但這會對創業者的權力產生一定的限制。所以，策略投資者要幫助創業者順利度過這個艱難的適應過程，促使企業改變傳統的管理方式，與國際企業的執行規則接軌。

　　策略投資者也會用自己的資源幫助企業迅速擴大規模，使企業更快地成長，這樣企業在上市時更容易獲得投資銀行的支持和其他投資者的青睞。同時，策略投資者 —— 尤其是國際型策略投資者 —— 所提供的產業運作經驗，可以在短時間內改善企業的財務結構，提高企業的核心競爭力，從而使企業業績和股東價值進一步提升。

　　但是，策略投資也存在一些弊端。其中最主要的問題是，策略投資的出發點大多是為了滿足所投資企業在行業布局和業務發展等方面的需求，而不是實現資產提升。如果不加以掌握和規劃，策略投資可能會限制或改變企業的發展路徑，使企業的發展過於依賴策略投資。

　　其實很多時候，引入策略投資也是一些創業企業在資本折戟後的一個不得已的選擇。因此，在矽谷，有經驗的投資者通常對策略投資持中立的看法。創業者也需要多加注意，認真判斷策略投資對自己和企業價值的影響。

第 2 章

投資流程與規範：用邏輯思維做事

　　從表面上來看，投資似乎是一種高深莫測又沒有規律的行為，但其實投資者只要掌握其流程與規範，就可以使其變得安全、可靠。

2.1
漫漫投資路，要按步驟走

籠統地說，投資可以分為五步：第一步，創業者與投資者初步溝通融資意向，並介紹企業的基本情況；第二步，投資者認可專案，創業者提供完整的商業計畫書；第三步，投資者做詳細的盡職調查；第四步，雙方談判，商議相關事項；第五步，雙方確認並簽署投資協定。

2.1.1
與創業者首次 PK，做好創業情況的接洽

投資者與創業者的首次 PK（對決）發生在創業申請階段。在企業發展早期，創業者需要尋找一個支點來撬動資源，即用自己的技術、商業邏輯、市場理解、團隊等特長，來撬動企業發展所需的資金和其他資源，獲得這些資源的支持。

早期投資者常說的「3F」，就是指在創業最早期，企業一無所有時的資金來源，即 Family、Friends、Fools（家人、朋友和傻瓜）。「3F」的概念沒有任何貶義，更多的是用來代指那些徹底且無條件的支持，這與普通的市場化投資是有差別的。

「3F」的資金幫助企業從 0 到 1；早期投資幫助企業從 1 到 10。到

了企業發展的中期和後期，投資的主要作用是幫助企業加速發展。而在首次公開募股（Initial Public Offering，IPO）階段，資金對企業的主要意義在於美化和完善品牌故事，讓企業的價值展現得更完整、上市之路更平坦。

在一輪又一輪的融資過程中，創業團隊需要接觸形形色色的投資者，表達自己的融資意向並介紹企業的基本情況，投資者則會對企業的價值進行初步分析和判斷。創業團隊和投資者溝通的資訊通常囊括創業種類、資金規劃、財務預估……等內容。投資者需要稽核這些內容，判斷企業有無投資價值。

我第一次和癌症早篩公司 Grail 的管理者溝通時，就對他們提供的創業資訊有非常深刻的印象。2017 年夏天，Grail 的 CEO 傑夫‧胡伯（Jeff Huber）找到了我的合夥人，他們是在 Google 時的老同事，那時正在籌辦一家新企業。

因心愛的妻子罹癌而受到觸動，胡伯決定成立一家致力於癌症早篩的企業，並命名為 Grail。他表示，雖然自己會投入 500 萬美元作為啟動資金，但是遠遠不夠，希望我們團隊也能夠加入，為他提供資金。在第一次溝通過程中，他強調自己將堅持把產品放在第一位，同時表示自己之後會推出液體活檢產品 Galleri（一種 LDT 檢測產品，用於 50 歲以上無症狀人群的癌症篩檢）及其擴展版本的檢測計畫。

除了對企業的定位與發展路徑有明確規劃，胡伯還對融資款項的用途有明確的策略。他表示，Grail 會將融資所得款項用於臨床研究、推進新產品研發、擴大實驗室、為銷售團隊招攬更多人才……等方面。

在成立之初，Grail 就獲得了超過 1 億美元的 A 輪融資。經過多年發

展，Grail 籌集了近 20 億美元的資金，可謂是醫療健康領域的「資本收割機」。這與其在創業申請中展現出來的實力和發展潛力有著非常密切的關係。

值得一提的是，創業者和投資者的第一次接觸是雙向的。創業者為了企業發展，當然會主動聯繫投資者；投資者也會在這個「尋寶遊戲」中，主動探索、接洽他們認為有發展潛力的創始人和創業專案。

2.1.2
請創業者提供商業計畫書，要求完整有細節

如果投資者初步認可創業申請，那麼就可以要求創業者提供完整的商業計畫書。商業計畫書正式的說法是 business plan，但有經驗的投資者一般將其稱為 deck。商業計畫書作為創業者與投資者溝通所依據的重要檔案，其內容對雙方來說都非常關鍵。

大多數人認為，商業計畫書是給投資者看的。這個觀點沒錯，但我認為，商業計畫書的第一讀者其實是創業者自己。仔細想想，一份 PPT 形式的商業計畫書，通常不會超過 20 頁，再除去圖片和排版所占用的空間，文字敘述其實少之又少。在如此短的篇幅內，創業者要用精鍊的文字和簡潔的圖片，幫助投資者在幾分鐘內系統而準確地了解一個複雜的專案，這是極具挑戰性的。

如果創業者自己對專案及其所處行業沒有深刻的洞見與透澈的思考，那麼想撰寫出一份優秀的商業計畫書幾乎是不可能的。很多創業者在即將與投資者見面時，還沒有做好充分的準備。大多數創業者在做商

業計畫書時，都是直接把企業現狀和專案情況填入商業計畫書的範本中，這樣的商業計畫書看似內容完整，但其實缺乏邏輯性，難以連貫，禁不起投資者細細品味。

而創業者對企業、專案所處行業、自己選擇的商業模式等內容了解透澈後，自然就能撰寫出一份優秀的商業計畫書。這也是我在稽核商業計畫書時非常看重的地方。讓投資者有投資欲望的商業計畫書一定不單調，也不會只描述一個部分或一個環節，更應像是在用嚴謹的邏輯來講述一個完整的、有說服力的、精彩的商業故事。

在整體評估商業計畫書的同時，我還會仔細地看一些核心內容，包括但不限於以下幾點。

- 「2W1H」問題，即 Why now（為什麼是現在）、Why us（為什麼選擇我們）、How to（對方要怎麼做或者會做什麼）。
- 是否提供能夠支撐自身價值的事實和細節作為依據，而不是紙上談兵。
- 團隊構成、產品介紹、市場分析、目標客戶判斷、聯繫方式等內容沒有遺漏。
- 關於使命和願景的表達是否清晰、準確，以及創始人的格局如何。這能展現創始人的想法、遠見及其對企業未來發展的規劃是否明確。
- 團隊的背景和經歷是否詳實，是否可以證明團隊的能力。

撰寫商業計畫書不僅是一門藝術，更是一門技術，商業計畫書甚至可以決定一個專案的成敗。它是投資者在投資之前判斷專案可行性及作出投資決策的重要依據。在投資過程中，創業者和投資者雙方怎麼重視商業計畫書都不為過。

2.1.3
與企業合作，做好盡職調查（due diligence，又稱盡責查證）

投資者在稽核商業計畫書後，認為專案有很大的發展潛力，將與創業者以合約的形式確立投資細節，並進行相關的盡職調查工作。盡職調查其實就像投資者的一個「安全閥」，對雙方都有利。一旦有了公正、嚴謹的盡職調查報告，投資者就能夠以此為依據做出決策。

盡職調查通常分為三個面向：業務盡職調查、財務盡職調查和法務盡職調查。在盡職調查期間，為了維護雙方的利益，創業者不得與其他投資者討論投資事宜。此外，投資者應該派專人到創業者的公司進行調查，創業者則應給予必要的協助。

如果盡職調查的結果不理想，那麼投資者除了浪費時間和精力外，通常不會受到其他影響，但創業者卻會受到重創：一方面，團隊士氣會受到影響，員工的熱情和積極度會大打折扣；另一方面，企業名聲也會受到影響，不利於其繼續展開融資工作。

盡職調查對投資至關重要。投資者對企業價值的評估和未來發展前景的判斷，都需要基於盡職調查的結果進行，這樣才能得出更為準確的結論。此外，盡職調查還有一項非常重要的內容，就是對創業者的能力和特質進行了解和評估。

在豐元資本與華人生鮮電商企業「Weee！」溝通的過程中，我對其創始人劉源瀚（Larry Liu）的背景和經歷進行深入了解。劉源瀚曾經是英特爾的硬體工程師，他藉助軟體，把從亞馬遜上購買再轉手至 eBay 上銷售的業務自動化，每年大約可以獲利 30 萬美元。

儘管有人對此可能嗤之以鼻，認為不過是賺差價的小把戲，但豐元資本卻從盡職調查中看到了劉源瀚的超強執行能力、獨到的商業眼光和對細節的掌控能力。Hotmail 的創始人傑克·史密斯這樣評價劉源瀚：「如果這個業務是可做的，那麼 Larry 就一定是那個對的人。」

事實證明，我們的盡職調查是成功的，對這個專案及其創始人的判斷也是正確的。現在「Weee！」已經成為生鮮電商領域的獨角獸，在2022 年 3 月初完成的最新一輪融資中，其估值高達 41 億美元。

2.1.4
稽核並確認重要條款，簽署投資協定

有些投資者只要遇到發展潛力大、收益豐厚的專案，就會想要當場簽署投資協定。對創業者來說，這固然是一件求之不得的好事，因為這樣可以節省巡迴展示（roadshow）與尋找其他投資者所消耗的時間和精力。如果雙方對價格和條款都沒有異議，那就更是萬事大吉。

其實在遇到這種情況時，我希望投資者不要因為遇到好專案而沾沾自喜。當投資進行到簽署投資協定這個環節時，創業者與投資者的博弈已逐漸接近尾聲。但越是這樣，投資者越要睜大眼睛，仔細辨別協定中可能存在的問題，避免自己一不小心落入陷阱。

投資者要仔細稽核重要條款，如經濟因素條款、控制因素條款等，同時還要與創業者確認資金到帳的時間，並商議投資決策的週期。雙方提前把一些關鍵重點「擺到桌面上」說清楚，將其展現在投資協定中，才是真正地遵守契約精神，而這種精神在商界至關重要。

2.2
簽署合約，體面和糾紛在一線之間

在投資者與創業者簽署合約時，稍有不慎，便可能發生糾紛，導致收場有失體面。避免發生這種情況的關鍵就在於仔細稽核條款，包括稽核經濟因素條款和控制因素條款。經濟因素條款主要解決「花多少錢、買多少股、分多少錢」等核心的商業問題；控制因素條款則主要規定投資者如何對企業和創業者進行控制，並規定其應該擁有的權利與義務。

2.2.1
稽核經濟因素條款，主要關注估值與優先清算權

在詳細介紹經濟因素條款和控制因素條款前，我們不妨先來了解一些在早期投資中常用的投資工具，如表 2-1 所示。

表 2-1 常用的各類投資工具

	SAFE 未來股權協議	KISS 保持簡單證券	Convertible 可轉換債券	Priced Round 定價融資輪次（優先股形式）
是否有明確的融資價格／企業估值	否	否	否	是

債權性質	否	有債權性質的 KISS，也有股權性質的 KISS	是	否
在下輪融資時轉股	是	是	是	否
下輪融資轉股時的優惠政策	1. 約定下輪融資時轉股的企業估值上限 2. 約定下輪融資時轉股的轉股價格折扣 3. 約定最惠國待遇，無估值上限、無折扣	約定下輪融資時轉股的企業估值上限，或約定下輪融資時轉股的轉股價格折扣，並以下輪融資轉股時哪一種對 KISS 持有人更優惠為準	1. 約定下輪融資時轉股的企業估值上限 2. 約定下輪融資時轉股的轉股價格折扣 3. 同時適用以上兩點，以下輪融資轉股時哪一種對可轉換債券持有人更優惠為準	否
是否有到期日	否		是	否
是否有利息	否		是	否
是否享有股東優先權利	否	否	否	是
複雜性和融資便捷程度	簡單，便捷	簡單，便捷	較簡單，較便捷	較複雜，較繁瑣

　　經濟因素條款涉及兩個重點，即估值條款和優先清算權條款。

1. 估值條款

　　估值條款通常包括企業的投資前估值金額、本輪具體投資額、投資完成後投資者所占股權比例等內容。估值條款是一項非常核心的條款，

可以解決投資者「花多少錢、買多少股、分多少錢」等問題。該條款看似簡單，但其中有很多細節需要投資者注意。

例如，投資者通常會要求自己完成投資後獲得的股權比例應該是「完全稀釋」的。「完全稀釋」指的是企業可能已經向員工或其他投資者發行了選擇權、認股權證、可轉債等。如果這些權利人以後要行使自己的權利，那麼投資者的股權比例會相應地被稀釋。

因此，投資者在確定投資完成後的股權比例時，要考量已經發行的選擇權、認股權證、可轉債等。如果投資者沒有留意這一點，只是大而化之地在合約中約定「投資一千萬元，占企業百分之十的股權」，那麼以後萬一其他權利人要行使權利，投資者的股權就會被稀釋。

2. 優先清算權條款

絕大多數投資者通常不會與企業「白頭偕老」，而傾向於在一個天時、地利、人和的時機退出。從某種意義上來說，投資者退出是投資過程中非常重要的環節。投資者除了可以透過在企業上市後售賣、轉讓股權等方式退出外，還可以在企業被收購或解散清算時退出。在企業被清算時，投資者要確保自己優先於創業者和其他股東退出企業，並獲得相應的投資報酬。

在合約中加入優先清算權條款，可以維護投資者的利益。這裡有兩個重點：優先清算的具體數額、行使優先清算權的方式。以行使優先清算權的方式為例，其主要有三種：不參與分配的優先清算權、完全參與分配的優先清算權、附上限參與分配的優先清算權。

行使優先清算權的方式不同，投資者所獲得的投資報酬也不同。例如，擁有完全參與分配的優先清算權的投資者，不僅可以獲得優先權約

定額，還可以根據自己的持股情況，與其他股東按照股權比例分配剩餘變現款。也就是說，投資者除了能夠獲得一定倍數的報酬外，還有權利按照股權比例分配剩餘變現款。

2.2.2
看清控制因素條款，鞏固投資者權利

控制因素條款規定了投資者可以對企業和創業者進行的控制，也闡明投資者享有的權利與應該履行的義務。該條款主要涉及以下幾項內容。

1. 創始人權利限制

投資者限制創始人權利的方式有兩種：一是股權成熟限制，即約定創始人的股權兌現與其在企業的工作時間掛鉤，只有達到一定的時間條件，其股權成熟才不再受限；二是全職工作及競業禁止，目的是確保創始人將足夠多的精力和時間用於企業經營和管理。

此外，出於保護智慧財產權與商業機密等方面的考量，投資者可以限制創始人在任職期間及離職後投靠競爭對手的行為。例如，李開復就曾經因為從微軟離職加入 Google，而被微軟一紙訴狀告至美國高等法院，並被臨時禁令宣布其「禁止在 Google 從事與微軟衝突的產品、服務或專案工作（包括網路和桌面搜尋技術）」。

在美國，由於各州立法規定不同，因此競業禁止條款的法律效力也是具有地域性的。例如，競業禁止條款在加利福尼亞州就不受法律保護。

2. 優先認購權條款

如果投資者享有優先認購權，那麼就可以在其他投資者進入、而自己的股權即將被稀釋時，選擇行使此權利，從而進一步增資或防止股權被過度稀釋。

3. 保護性條款

有些投資者在為企業投資後，會成為企業的小股東，但往往不參與企業的日常經營與管理，也無法影響股東或董事會的決策。因此，為了保護自己身為小股東的權益，投資者可以要求對涉及自身利益的重大事項擁有一票否決權。在簽署合約的過程中，創業者的第一反應很可能是否決事項越少越好。而對投資者來說，甄別哪些是核心否決事項、哪些是可選否決事項則非常重要。對可選否決事項，投資者可以適當讓步，這樣更容易促使投資成功。

4. 回購權條款

回購權是指在符合一定的前提條件或觸發某種約定的回購事項時，由他人（如被投企業、創始人、股東等）回購投資者所持股權。如果雙方簽署了對賭條款，那麼回購與業績補償將一併約定在其中，這是投資者實現退出的一種方式。

5. 領售權條款

如果約定的條件達成，那麼一個或者多個享有領售權的股東，在將所持股權出售給第三方時，有權要求其他股東以相同的價格、同等的條件出售其股權。

任何合約條款的觸發都有可能「牽一髮而動全身」，所以投資者在簽署合約時必須慎之又慎。

2.2.3
針對企業特別情況，補充其他重要條款

除了上面提到的條款外，投資者還應該根據自己在盡職調查中發現的企業存在的特別情況，有針對性地補充其他條款。例如，假設創始人與配偶的婚姻關係不穩定，存在婚姻破裂風險，會對企業上市產生影響，那麼投資者就可以要求在合約中增加條款[004]。

對於企業的組織架構和雙方應該承擔的責任，投資者也可以要求在合約中加入相關條款，如下所示。

投資合約
第 ×× 條
甲（企業）、乙（投資者）雙方或甲方成立專案，企業設董事會，董事會是企業的最高權力機構，決定企業一切重大問題。董事長由甲方法定代表人擔任。
第 ×× 條
董事會及其組織機構以《公司法》為依據，並參考甲、乙雙方的共同意願來完成。
第 ×× 條
乙方享有企業的股權，但不參與企業管理，不承擔日常經營過程中所發生的一切經濟及法律風險。企業由甲方負責管理與經營，乙方委託開戶銀行或委派財務總監對投資款項流向進行日常監督，甲方必須做到資金專款專用，並定期向乙方匯報資金使用情況。

---

[004] 創始人承諾婚姻可持續，有時該條款會要求創始人的配偶簽訂承諾函，保證創始人的配偶不就股權提出任何主張。

2.3
妄圖觸碰法律紅線，後果自負

在經營公司的過程中，創業者可能會遇到一些誘惑。如果創業者妄圖觸碰法律紅線，那麼投資者必須嚴厲制止，否則很可能需要自負後果。例如，某企業在其財務報告中作假，虛增收入，呈現給投資者虛假繁榮的景象，最終財務出現問題，投資者血本無歸。

2.3.1
稽核企業主體，避免法律隱患

稽核企業主體是避免法律隱患的重點，主要包括以下三項工作。

1. 稽核成立程序

稽核企業主體的第一項工作是稽核企業的成立程序，內容包括稽核成立時間、註冊資本、是否合法、是否經歷過股權變更、企業章程及修正次數等。這項工作主要是為了確保企業成立程序合理、合法、沒有什麼問題，否則很可能隱藏危機。

2. 稽核經營範圍

　　稽核企業主體的第二項工作是稽核經營範圍。一家企業的經營範圍與其未來的發展息息相關，是投資者必須著重稽核的內容。如果企業的產品已經研發出來，但市場影響力不夠大，那麼投資者就更要注意對其經營範圍的稽核。有時投資者應該根據實際情況要求企業縮小經營範圍，即要求創業者放棄一部分業務。

3. 稽核相關證照

　　稽核企業主體的第三項工作是稽核企業的相關證照。以營運網站的企業為例，按照相關法律的規定，網站營運者需要向政府機關報備相關情況，並進行 ICP（Internal Compliance Program，企業內部出口管控制度）備案。對身處酒店、飯店、房屋租賃、金融等特殊行業的企業，投資者稽核其相關證照的意義，在於確認企業是否具備行業資格。企業如果在不具備行業資格的情況下獲利，那麼可能涉嫌非法經營。

　　另外需要補充一點，註冊地點的選擇也會對企業的業務定位和發展規劃產生重要影響。不同地區對企業徵收的各項稅率都不同。因此，對企業來說，在合適的地點註冊，可以節省一筆稅款，緩解資金壓力。

　　特斯拉在 2021 年底將總部遷往德克薩斯州的奧斯丁，這可以為馬斯克節省數十億美元的稅費；矽谷網際網路大廠蘋果公司在愛爾蘭和荷蘭設立子公司，再將大部分營收在三家海外子公司之間轉移，從而使集團繳納稅費的總稅率控制在 22% 左右，遠低於在美國適用的 35% 稅率。

　　當然，其他科技大廠如 Facebook、Google 等都有類似的操作。

2.3.2
做資產權利稽核，拒絕投資瑕疵

任何投資者都希望自己投資的企業的資產權利（如商標權、App 名稱等）完整，沒有瑕疵。然而，很多企業在這個方面出現問題。以商標為例，一些創業者花費大量時間與資金設計的商標無法成功註冊，因為提交的商標與註冊要求不符；還有一些創業者不僅沒有成功註冊商標，還被他人控訴其侵犯商標權，被要求賠償一大筆侵權費。

一旦發生這些情況，創業者就不得不更換商標，最終影響融資程序。如果投資者在投資前對目標企業的資產權利有充分的了解，那麼就可以在一定程度上避免遇到這種問題。例如，投資者可以諮詢專業的商標代理機構，了解企業的商標是否存在問題。

需要注意的是，如果企業從事的是跨境業務，那麼投資者不僅要在國內做商標稽核，還要在主要的境外目的地做商標稽核；如果投資者投資的是網際網路企業，那麼還要稽核域名註冊情況（域名註冊越早越好，且最好可以和企業名稱、品牌名稱相同或盡可能保持一致）。

蘋果公司的「蘋果」文字與圖形商標曾經存在爭議。蘋果公司早期的圖形商標為一個右上方有被咬掉的缺口的蘋果，而負責打理知名的披頭四樂團的蘋果有限公司，其圖形商標為一個閃閃發亮的綠色蘋果。因為有著相似的商標圖形和名稱，兩家公司的商標之爭持續了近 30 年。

1978 年，蘋果有限公司就商標問題提起訴訟，蘋果公司於 1981 年同意和解，向其支付了 8 萬美元，並承諾不涉足音樂領域。1981 年，蘋果有限公司又提起訴訟，其認為蘋果公司開發的 MIDI 音樂軟體違反了和解協定。蘋果公司於 1991 年同意和解，向其支付了 2,650 萬美元，並獲得

了在電腦硬體和軟體上使用「蘋果」商標的權利。

2003 年，雙方的矛盾再度更新。當時蘋果公司推出的 iPod 電子音樂播放器大獲成功，後又推出了 iTunes 線上音樂商店。為銷售產品，蘋果公司與各大唱片公司合作。但蘋果有限公司卻認為，蘋果公司違反了 1991 年的和解協定，於是再次將其告上法庭。在經過長達 3 年的訴訟後，雙方最終在 2007 年達成和解，商標之爭落下帷幕。

總而言之，投資者在投資之初就應該對企業的資產權利進行稽核。對企業來說，即使不是為了獲得投資，也應該確保資產權利的完整性、合法性，因為這會讓企業獲得更持久、安全的發展。

2.3.3
投資即入股，消除股權隱患

正所謂「投資即入股」，投資者在投資時要分析企業的股權架構，確立自己分配到的股權是否合理。股權架構在一定程度上決定了企業的治理結構，也會間接影響企業的行為和績效。因此，合理的股權架構非常重要，而想要股權架構合理，企業則需要做好股權分配。對投資者來說，股權分配至關重要。股權分配得好，創業團隊的向心力與競爭力就更強，從而使所有股東的利益最大化。

最理想的情況是，投資者與創始人的願景一致，且雙方互為助力，但在現實中，這個現象很難出現。由於短視、急於獲利、投資風格等的影響，有的投資者會希望透過其他方式，如資產重組，讓企業快速升值，進而套現獲利。這自然與創始人希望企業長遠發展、穩步成長的初衷相違背。

股權設計會影響企業未來發展與投資者的投資報酬。一些創始人小富即安，沒有雄心（矽谷投資圈的常用名詞「Ambition」），或直接將創業當成做生意，只要企業能夠賺錢，自己生活得很好，就滿足了。這顯然損害了投資者的利益，因此，投資者也需要行使自己的權利，以消除和規避類似的隱患。

但是，部分初創企業沒有非常成熟的商業模式，核心團隊也沒有正式建立。此時股權分配應該以資金、技術、管理等因素為依據，只要保證公平、公正即可。

Facebook 剛成立時，其股權是這樣分配的：祖克柏 65%、愛德華多・薩維林（Eduardo Saverin）30%、達斯汀・莫斯科維茲（Dustin Moskovitz）5%。

這個分配依據的是幾位合夥人各自的優勢：祖克柏是 Facebook 的創始人，也是一個意志堅定的領導者，所以占有最大比例；薩維林懂得如何透過產品獲利；而莫斯科維茲則懂得如何吸引更多使用者。對初創企業來說，這樣分配股權是沒有問題的，但後來出現了一個小意外，導致股權分配情況發生了變化。

由於薩維林不願意放棄學業、將全部精力投入 Facebook，而他又持有 30% 的股權，因此當越來越多投資者加入時，就只能稀釋他的股權。當股權稀釋到 10% 時，他一氣之下，將 Facebook 的帳號凍結，與昔日的合作夥伴反目。

後來，祖克柏透過朋友介紹，認識了天使投資者彼得・提爾，獲得 50 萬美元的天使投資。而提爾則獲得了 Facebook 10% 的股權。之後，Facebook 又在 A 輪融資中獲得了阿克塞爾公司投資的 1,270 萬美元，估值達到 1 億美元，並最終於 2012 年在那斯達克上市。

上述案例的股權分配策略是比較合理的。在融資過程中，企業的核心團隊裡始終有一個成員是占據最多股權的領導者。這樣即使未來需要為其他投資者分配股權，領導者也依然可以控制企業，確保企業穩定發展。如果股權分配出現問題，那麼投資者和創業者可能需要付出很大的代價。有時這種問題導致的後果，甚至是無法挽回的。因此，投資者很有必要稽核企業的股權分配情況。

2.3.4
重視資訊披露，稽核資訊的真實性、準確性、完整性

資訊披露是把企業的資訊和相關情況，透過報告或說明書的形式，傳達給投資者，以便投資者了解企業。它可能成為投資者做出投資決策的重要依據，讓投資者的利益受到保護。但投資者要稽核資訊的真實性、準確性、完整性，如圖 2-1 所示。

圖 2-1 資訊的真實性、準確性、完整性

1. 真實性：警惕虛假記載及陳述

真實性是指企業向投資者披露的資訊，必須以客觀事實或具有事實基礎的判斷與意見為依據，能如實反映客觀情況，不得有虛假記載或不實陳述。投資者應充分行使稽核權，對各類資訊的真偽進行辨別，以保證其真實性。

2. 準確性：不得誇大和誤導

準確性是指企業向投資者披露的資訊，應當使用明確、貼切的語言，以及簡潔、通俗易懂的文字。例如，財務報告、獲利預測報告等專業性的檔案，要經過具有相關業務資格的會計師事務所稽核，其中引用的數據，也應該客觀、公正，不得含有任何誇大、誤導性質的詞句。投資者在稽核資訊，尤其是在稽核涉及企業未來經營和財務狀況的資訊時，必須謹慎。

其中，有幾個名詞需要投資者特別注意。如果投資者對其缺乏正確的認知，則有可能產生嚴重誤判。

（1）商品交易總額（Gross Merchandise Volume，GMV）和營收（revenue）：商品交易總額是電商企業喜歡用的說法。它是訂單產生的金額，包含付款和未付款兩部分。而營收就是指營業額。一般來說，電商企業喜歡在公開的數據中給出商品交易總額，其金額較大，而實際付款金額略低一些，因為有一部分訂單可能還沒有付款。

（2）年營收（annual revenue）和年化收入（annualized revenue）：有的創始人用最新一個月的獲利成長乘以 12 來作為年化收入。事實上，這和真正的年營收是完全不同的。由於最新一個月的獲利成長速度很可能

存在偶然性或人為操縱的情況，因此投資者要注意區分，並判斷獲利成長是否具有時效性和可持續性。

3. 完整性：檔案齊備，格式符合規定

完整性是指企業向投資者披露的資訊，應該內容完整、檔案齊全、格式符合規定，不得有遺漏、忽略和隱瞞。例如，投資者在稽核資訊時，要分析資訊是否能夠正確反映經濟活動的現實情況或發展趨勢，同時還要看數據是否齊全。

為了更能消除法律隱患，投資者要著重在稽核企業的業績快報、定期報告、業績預告、有深刻影響的重大事件披露等內容。

2.4
重視財務問題，警惕財務陷阱

　　法律問題的重要性不可小覷，財務問題也同樣。在投資前，投資者要稽核企業的財務情況，確保其經濟體系是完善、合理的。例如，投資者應該提前檢查企業的銀行對帳單和流水帳單，並對其財務報表和財務審計報告進行分析，以免自己掉入財務陷阱。

2.4.1
檢查銀行對帳單和流水帳單

　　企業的流水有銀行對帳單與流水帳單兩種形式。銀行對帳單是銀行和企業核對帳務的單據，它可以幫助投資者考核企業的業務往來紀錄。在投資過程中，銀行對帳單可以作為企業資金流動的依據，幫助投資者確定企業在某個時段的資金規模。流水帳單也稱帳戶交易對帳單，指的是企業在某個時段與銀行發生的存取款業務交易清單。

　　從獲取程序來看，銀行對帳單與流水帳單有所不同。由於前者由銀行直接提供給企業，再由企業提供給投資者，因此有可能被企業改動。而後者一般由審計人員與財務人員由銀行列印，可信度較高。

　　在檢查銀行對帳單時，投資者應該將企業的流水帳單、銷售收入明

細、成本費用明細及與上下游企業訂立的合約，結合在一起進行綜合審查。拿到銀行對帳單後，投資者要識別其真假，分析企業是否有節假日期間對業務結算的情況，稽核大額資金往來，判斷資金流出及流入與企業業務的一致性。例如，企業的交易金額大多在幾百萬元左右，但如果銀行對帳單上的金額在幾十萬元或者幾千萬元左右，那麼投資者就需要提高警覺了。

投資者要檢查銀行對帳單其實很簡單，可以隨意找一筆交易，打電話到銀行，根據銀行對帳單上的明細，輸入要查詢的日期。如果明細與銀行所報內容吻合，那對帳單就沒有問題；反之，則對帳單是偽造的。一般來說，銀行對帳單與流水帳單的內容是一致的。如果內容不一致，則銀行對帳單有作假嫌疑。

現在很多企業都會使用一部分個人卡。對企業使用的個人卡，投資者需要進行識別與稽核，不能出現企業隨便拿來幾張卡，就將其流水劃轉到企業帳戶上的情況。投資者應該判斷帳戶及流水金額是否與企業業務相符。因為很多沒有規範的企業，為了逃稅，會將大部分收入透過個人卡進行交易，所以投資者在稽核時，必須了解清楚企業的真實情況。

2.4.2
審計財務報表

財務報表包括資產負債表、現金流量表、損益表。其中，資產負債表可以顯示企業的資產分布、負債、股東權益構成等情況。透過對這些情況進行稽核，投資者可以了解企業的財務結構是否合理，以及企業是否具備承擔風險的能力。

現金流量表可以反映企業在一定時期內的經營活動、投資活動、融資活動等。在市場經濟條件下，現金流的多寡，會直接影響企業的生存與發展。投資者稽核現金流量表可以了解企業的支付能力、償債能力、獲利能力，且透過稽核各項現金流的多少和比例的變化，可以發現企業在經濟活動中存在的問題，從而幫助企業及時採取相應對策。

現金流對企業的正常運轉至關重要，我也經常將其比喻為企業的「血液」。

一家我了解的初創企業，本來發展得不錯，帳戶上也還有足夠維持 6 個月開銷的現金流。結果有一天，該企業突然收到來自美國稅務局的郵件，郵件裡說該企業由於財務記帳錯誤，員工少繳納稅款，因此需要補繳幾十萬美元的稅款。因為此次事件，該企業的現金流瞬間斷裂，很多投資者也遭受致命打擊。這雖然是管理人員的失職造成的，但也證明了現金流的重要性。

損益表是展現企業收入、成本、費用和稅收情況的財務報表，它可以反映利潤的構成和實現過程。投資者通常會根據損益表了解企業的經營業績，預測企業的未來利潤。另外，損益表也為企業分配利潤和提升管理水準提供了重要依據。

很多初創企業的財務流程尚未規範，而且錯誤很多。因此，除了分析上述三個財務報表外，投資者還要聚焦以下幾個要點。

☐ 持續經營性。對初創企業來說，可以穩定、持續地經營下去是重中之重。穩定的現金流和較高的速動比率是保障企業有足夠資金和較強變現能力的重要基礎。

❑ 收入成長速度。初創企業一般處在發展期，其主要任務是驗證商業
  模式是否正確和產品的市場接受度是否足夠高。收入成長速度是對
  二者的絕佳證明，而收入的爆發式成長，更是展現企業自身價值的
  關鍵。

❑ 內部控制情況。初創企業往往不重視內部控制，但其實內部控制是
  規範企業的一種方式，是企業快速發展的保障。如果企業內部控制
  薄弱，那麼其在未來的轉型和更新過程中，需要花費大量的精力和
  財力，以規避內部舞弊和低效率所帶來的風險。嚴格的內部控制也
  是財務報表可以真實、準確地反映經營活動的重要保障。

❑ 收入可持續性。在新冠肺炎疫情很嚴重、防護物品短缺時，有些創
  業者選擇讓企業脫離主營業務或乾脆成立一家新企業，以從事食品
  安全檢測、口罩和防護衣等防疫物資生產業務。儘管在短期內，這
  種做法能為企業帶來不錯的收益及可觀的現金流，但卻難以持久。
  因此，投資者在考量企業未來的真正價值時，需要對此特別注意。

❑ 收入結構。收入結構對企業的發展有很重要的作用，其穩固與否，
  甚至可能決定企業的生死。例如，矽谷曾經有一家企業，在 Tik-
  Tok 出現前就開發出一個短影音內容平臺，每年和 Google 合作，
  就可以獲得 200 萬美元的可持續性收入。但企業的收入完全來自於
  Google，收入來源太過單一，收入結構不夠穩固。Google 終止與其
  的合作後，該企業最終面臨倒閉的局面。

2.4.3
分析財務審計報告

財務審計報告是審計人員對企業財務進行審計和調查後撰寫的審計文書，旨在反映企業經營現狀、揭露問題、提出建議。財務審計報告沒有固定的格式，不同的審計人員可以根據自身實際情況自由選擇。儘管格式不同，但分析財務審計報告的思路是相似的。

第一，由於財務審計報告內容的撰寫順序通常是按照重要性排列的，因此投資者要特別關注前面的內容，不要本末倒置。

第二，財務審計報告通常會涉及很多圖表，投資者必須謹慎稽核其中的數據。需要注意的是，由於製表方式及數據不同，因此財務審計報告可能在視覺上存在誤差。例如，有的報告顯示的是累計收入，此類數據展現在圖表上往往視覺效果很好，卻不一定能夠反映企業真正的獲利水準和發展情況。

第三，投資者要了解抽查的專案是什麼、發現的問題數據有哪些、匯總的誤差金額是多少……等情況。投資者了解的情況越多，做出的投資決策就越準確。

第四，財務審計報告除了總結問題外，還會提出解決問題的措施。例如，報告中常見的建議是「加強相關法律法規的學習，提高自覺遵守國家法律法規的意識」、「進一步完善企業管理制度，加強內部控制」等。投資者要了解這些建議，並觀察企業是否按此執行。

財務審計報告是與企業會計工作相關的基礎報告，內容包括記帳、核算、財務檔案等工作是否符合規範，以及企業制度是否健全……等。總之，該報告是對財務收支、經營成果等進行全面審查後得出的一種客

觀評價，所以，投資者要對其進行仔細稽核。

此外，投資者還應對出具財務審計報告的會計師事務所進行稽核。在商業領域有一項不成文的規定，那就是審計機構的名聲很重要，它決定了審計報告在投資者眼中的品質與可信度。而審計行業的頭部效應和品牌效應很明顯，大家所熟知的會計師事務所，其品牌和資歷本身就是對審計品質的一種保證。因此，如果企業找一家有行業聲望的審計機構來完成財務審計，那麼說明其具有較強的經濟實力。保險起見，投資者甚至可以把該審計機構往年為該企業出具的帳務報告重新稽核一遍。

曾經有一篇財務分析文章，將某藥業公司推上風口。這篇文章的作者是兩位財務分析師，該文章指出，在該藥業公司的財報中，2015 ～ 2017 年，帳上分別有 158 億元、273 億元、341 億元現金，但這家藥業公司仍在大量貸款，而且利息支出超過利息收入。

這篇文章發表後，該藥業公司的股票連續 3 天跌停。有關單位於是緊急成立稽查小組，進入該藥業公司調取相關財務憑證，對該藥業公司的財務展開調查。在 2016 ～ 2018 年，該藥業公司透過偽造和變造發票、偽造銀行憑證、偽造定期存單，虛增收入 291.28 億元，虛增利潤約 40 億。

此案對廣大投資者來說，是一個很好的參考案例。

第 3 章
投資可行性預測：別成為理想主義者

投資非常忌諱盲目，否則資金就像流出去的水一樣，任憑投資者如何努力，也很難收回來。所以，在投資前，投資者要從現金流、獲利能力、償債能力、成長能力等方面入手，分析企業是否值得投資，估算自己是否可以獲得超額報酬。

3.1
投資時代的現金流遊戲

　　投資者需要分析企業的現金流，關注現金流的穩定性。通常來說，只要企業有持續的現金流，就可以正常經營。投資者必須想方設法了解企業的短期和長期現金流，做好充分的預算準備。同時，投資者還要謹慎識別企業的「偽裝」，時刻掌握企業的現金流變化。

3.1.1
思考：如何玩現金流遊戲

　　現金流是指企業在一定時期內，按照現金收付制，透過經濟活動，如經營活動、投資活動、籌資活動、非經常性專案等，產生的現金流入、現金流出及其總量的總稱。簡單地說，現金流就是企業在一定時期內的現金和現金等價物的流入與流出情況。

　　虧本的企業不一定會破產，賺錢的企業也有可能倒閉，其背後的影響因素，就是企業的現金流是否出現問題。例如，雖然亞馬遜連續虧損 20 年，但卻不影響它的股價一路上漲，它仍是華爾街投資者們一致看好的投資標的。

　　曾經發表在《美國醫學會雜誌》（*The Journal of the American Medi-*

cal Association，JAMA）上的一項研究顯示，美國生物製藥公司將每款新藥推向市場的成本約為 10 億美元。也就是說，在藥品成功上市前，這家企業需要花費大量的資金。

可是眾多企業都如美國製藥公司一樣，在研發新品上不遺餘力，因為短期虧損換來的，可能是未來的持續高獲利。但如果管不好現金流，那麼企業恐怕無法長久發展下去。

完善的現金流管理體系是企業維持自身生存與發展、提升競爭力的關鍵。因此，投資者應分析企業的現金流，從而更好地規避風險。投資者可以從以下幾個方面入手、分析企業的現金流。

1. 現金流與短期籌資能力

如果在某個時期，企業的現金流有所增加，那麼顯示企業在這個時期的籌資能力增強，財務情況得到進一步改善；反之，則表示企業的財務情況不太樂觀。

當然，這並不意味著現金流越多越好。相反，如果企業的現金流過多，那麼就在一定程度上表示該企業未能充分利用這部分資金，這屬於資源浪費，對投資者來說不是非常有利。這就像一個人，把所有現金都放在家裡一樣，雖然能夠保障資金安全，但也失去了「錢生錢」的機會。而且受到通貨膨脹的影響，放在家裡的錢會貶值，這等同於丟錢。

2. 現金流結構與企業的長期穩定性

現金流來自於三類活動：經營活動、投資活動、籌資活動。經營活動代表企業的主營業務，該活動產生的現金流可以用於投資，幫助企業催生出更多的現金流。來自主營業務的現金流越多，企業發展得越穩定。投資活動的目標是為閒置資金尋找合適的用途，籌資活動的目標則

是為經營活動籌集足夠的資金。這兩種活動產生的現金流是輔助性的，主要服務於經營活動。如果這部分現金流過多，則顯示企業發展缺乏穩定性。

3. 投資活動及籌資活動產生的現金流與企業的未來發展

投資者在分析企業的現金流時，一定要分清楚對內投資與對外投資。如果對內投資的現金流出量增加，那就意味著固定資產、無形資產增加，表示企業正在擴張，具備較高的成長性；如果對內投資的現金流入量增加，那就意味著企業的經營活動沒有充分吸納現有資金，資金利用效率需要提高。如果對外投資的現金流入量大幅增加，那就意味著企業的現有資金無法滿足其經營需求，企業不得不從外部引入更多資金；如果對外投資的現金流出量增加，那就意味著企業正在透過非主營業務獲取利潤，財務情況整體趨穩。

現金流是企業賴以生存的基礎，企業只有擁有健康、穩定的現金流，才能順利發展。因此，現金流是否健康，在一定程度上決定著企業的生死。投資者需要了解企業的現金流及與之相關的要素，從而得到關鍵資訊，如籌資情況、經營情況、財務情況、未來發展情況等。

某企業在 2021 年的總現金淨流量為 6,474 萬元、經營現金淨流量為 −3,446 萬元、投資現金淨流量為 2,778 萬元、籌資現金淨流量為 7,142 萬元。從中可以看出，該企業主要依靠籌資（主要方式為銀行貸款）維持生產經營，財務情況有惡化的趨勢，投資者應該警惕。

現金流是評估投資是否可行的一項重要指標。如果企業的現金流是正向發展的，那麼則表示該企業有能力避免過度負債。擁有充足現金

流的企業是「搖錢樹」，具有很高的可投資性，投資者可特別關注此類企業。

3.1.2
借現金流看透發展的真相

在幾十年前的美國，投資者在投資時會更關注現金流，而不是企業的市值。而且，據說卡內基（Carnegie）沒有提過自己的淨資產，卻提過自己每年會產生的現金流。在他看來，現金流是衡量自己是否成功的重要標準之一。我本人也認為，沒有現金流支撐的利潤都是「假」利潤。

但需要注意的是，現金流是可以造假的。投資者如果被精心粉飾過的現金流欺騙，那麼其投資決策就會被誤導，其利益也會受到很大損害。

企業在現金流上造假的方式主要有以下兩種，投資者要謹慎識別。

第一種，「無中生有」。

為了吸引投資，個別不良企業透過偽造會計紀錄和做假帳的方式來虛增現金流。部分企業甚至還會偽造檔案，透過虛構經營業務的方式，來實現經營性現金流的虛增。因為虛構經營業務會導致一項或多項資產的連動虛增，如應收帳款、存貨、固定資產、無形資產等的虛增，所以投資者在分析企業的現金流時，要注意稽核這些資產的數據，防止企業在上面「動手腳」。

第二種，「移花接木」。

有些企業會透過會計手法，改變現金流性質，從而達到「打扮」現金流的目的。這類造假有很高的技術性，大多數投資者往往很難將其識

別出來。例如，虛報銷售產品、提供勞務獲得的現金，虛報主營業務收入，虛報收到的其他與經營活動相關的現金，虛報購買產品、接受勞務支付的現金……等，都屬於「移花接木」的方式。

美國一家企業為了獲得投資，同時虛報主營業務收入與銷售產品獲得的現金。該企業的主營業務是自動化裝置研發與製造，但該企業將透過炒股獲得的超過 10 億美元的收入，納入主營業務收入，而且還將其計為銷售產品獲得的現金。

該企業向投資者披露的主營業務收入高達 13.5 億美元，銷售產品獲得的現金則高達 11.9 億美元。後來，該企業被迫進行重大會計錯誤更正，下調每股收益和每股經營活動產生的現金流淨額。而該企業的投資者也因此遭受巨大損失。

隨著政府對市場的監督力道不斷加強，以及相關法律、法規的進一步完善，財務造假的機會越來越少。這要求企業進一步增加自身的守法意識，合法、合理地管理現金流，避免財務造假。但這並不意味著財務造假就完全消失，因此，投資者仍需謹慎考核企業的現金流情況。

3.1.3
抓住企業「命脈」，掌握現金流變化

現金流是企業的「血液」，而血液是流動的，所以，透過分析企業的現金流變化，投資者可以了解企業的營運過程。營運情況不同，企業的現金流表現會有很大差別，而前文提到的經營活動、投資活動和籌資活

動的現金流表現也會不同。因此，投資者可以根據現金流表現來判斷企業和營運情況，如表 3-1 所示。

表 3-1 企業的現金流表現與營運情況判斷

情形	經營活動	投資活動	籌資活動	營運情況判斷
1	現金流為正	現金流為正	現金流為正	企業處於發展期，主營業務穩定且占主要地位，沒有可供投資的專案
2	現金流為正	現金流為正	現金流為負	企業處於產品成熟期，沒有可供投資的專案，抗風險能力比較弱
3	現金流為正	現金流為負	現金流為正	企業處於高速發展期，僅靠經營活動產生的現金流無法滿足自身的資金需求，需要籌集外部資金進行補充
4	現金流為正	現金流為負	現金流為負	企業經營狀況良好，一方面償還以前的債務，另一方面打造全新的盈利模式
5	現金流為負	現金流為正	現金流為正	企業處於衰退期，經營活動出現困難，需要依靠借款來維持生產經營
6	現金流為負	現金流為正	現金流為負	企業處於加速衰退期，市場萎縮，為應付債務不得不收回投資，已處於破產邊緣，投資者應該對此高度警惕
7	現金流為負	現金流為負	現金流為正	初創企業投入大量資金開拓市場，或長期穩定的企業的財務情況具有不確定性
8	現金流為負	現金流為負	現金流為負	企業陷入嚴重的財務危機，極有可能破產

　　下面就表 3-1 中涉及的 8 種情形，分別分析企業可能存在的財務問題。

　　情形 1：經營活動現金流為正，說明企業的經營情況不錯，可以獲利；投資活動現金流為正，說明企業在收回投資或投資產生了收益；籌資活動現金流為正，說明企業在對外籌集資金，此時，投資者要關注企業進行這項活動的目的。

　　企業處於發展期，如果計劃進一步擴張，但經營活動與投資活動產生的現金流不足以支撐其擴張，導致其不得不對外籌集資金，那麼企業的籌資活動就是合理的。如果企業沒有計劃要擴張，那麼其進行籌資活動的目的就非常值得懷疑，對此，投資者要提高警覺。

　　情形 2：經營活動可以獲利，投資活動有報酬，企業可以用這兩項活動產生的現金流償還以前的債務，這是其財務情況健康、成熟的表現。對處於這個階段的企業，投資者需要考量的是，該企業是否有發展潛力，自己是否還有更好的投資機會。

　　情形 3：經營活動可以獲利，企業不斷對外投資，這是該企業經營狀況良好、具有發展潛力的表現。但投資者要考量自己的投資決策是否穩健、專案是否有前景等問題。

　　情形 4：經營狀況良好，企業可以用獲利償還以前的債務，同時還可以獲得投資收益。處於這種情形下的企業非常值得投資。通常只有高獲利、高發展的企業，才會呈現此種發展情形。

　　情形 5：經營活動表現欠佳，為了解決資金短缺問題，企業除了收縮投資外，也在籌資。這類企業的債務風險一般很高。如果企業處於初創期，籌資的目的是維持生產經營，那麼投資者尚可理解；如果企業處於衰退期，則只能說明其要藉助收回投資和舉債維持生存。

情形 6：經營活動表現差，企業一邊收回投資，一邊償還之前的債務。

情形 7：經營活動表現差，企業需要負債生存，但仍然花費資金開拓市場。如果是初創企業處於這種情形，那麼可以理解；如果是發展已經相對成熟的企業，那投資者要提防其隨時可能發生債務風險。

情形 8：經營活動表現差，但企業有一定的資金存量，這部分資金可以用於投資和償還債務。這類企業如果無法獲得投資收益，那麼就很容易陷入財務危機。

現金流對初創企業的生存非常重要，是推動企業良好執行的基礎。

有兩個 20 歲的年輕人，一個叫杜布格拉斯（Henrique Dubugras），另一個叫法蘭切斯基（Pedro Franceschi）。他們看到了初創企業對現金流的需求，於是創辦了信用卡公司 Brex，專門為初創企業提供門檻更低的信用卡服務。

為了盡可能控制風險，Brex 使用了一個創造性的解決方案，即讓初創企業的信用額度可以實時浮動，且額度調整的頻率快到可以按天計算。2018 年 6 月，其產品公開推出。同年，Brex 就完成了 C 輪 1.25 億美元的融資，估值達到 11 億美元。Brex 用了不到兩年的時間，就完成了從零起步到成為「獨角獸」的過程，這也讓杜布格拉斯和法蘭切斯基成為史上最年輕的「獨角獸」企業創始人。

企業可以創造正的現金流，無疑是有益於投資者的好事，但在面對現金流過於充足的企業時，投資者也要提高警覺。在很多國家，企業的所有權與經營權是分開的。例如，經營企業的管理階層不是股東，卻可

以為企業做決策。這樣做出的決策不一定完全符合所有股東的利益。

　　現金流充足的企業也許是缺乏投資機會的企業，在這種情況下，其最好的決策應該是把部分現金流分配給投資者，由投資者選擇收益更有保障、更豐厚的投資管道。但這意味著企業管理階層可以控制的資源大幅減少，他們當然不願意看到這種結果。

　　企業管理階層通常希望把資源都掌握在自己手裡。如果企業的現金流充足，而且沒有值得投資的專案，那麼其管理階層可能會把現金流分配給一些負淨值的業務。這種做法，一方面可以幫助企業發展有潛力的業務，並進一步推動企業成長；另一方面，也可能在一定程度上損害股東的利益。投資者要充分了解現金流變化情形，並結合具體情況進行具體分析，規避現金流變化可能帶給自己的風險。

3.2
「骨感」的現實：分析企業獲利能力

俗話說：「理想很豐滿，現實很骨感。」有時即使投資者覺得專案很不錯，但在分析企業的獲利能力時，也可能會被現實給予當頭一棒。獲利能力代表企業的賺錢能力，一家連賺錢都很困難的企業，值得投資嗎？答案顯而易見。

3.2.1
先觀察企業的股東權益報酬率

在分析企業的獲利能力時，投資者首先應該看哪項指標呢？我認為應該是股東權益報酬率。巴菲特曾經說過，要評估一家企業的獲利表現，一個非常重要的標準，是使權益資本實現高收益，即沒有過高的財務槓桿、不使用過多的會計花招等，而不是只關注每股收益的持續成長。

巴菲特有一套選擇企業的標準，主要包括以下幾個方面。

☐ 大企業，稅後淨利至少在 5,000 萬美元左右。

☐ 具備可以持續獲利的能力，不要試圖讓投資者「扭轉」局面。

☐ 在少量負債或無負債的情況下，企業的淨資產報酬情況良好。

☐ 管理體系完善，管理得當。

☐ 業務簡單、易懂，不要讓投資者摸不到頭緒。

☐ 有明確的融資額，不要浪費雙方的時間。

巴菲特把獲利能力排在靠前的位置，足見他對這個指標的重視程度。其實除了巴菲特，知名評級機構晨星的高階管理人員派特·多爾西（Pat Dorsey）也非常注重企業的獲利能力。他會透過各類數據，分析企業是否有可觀的股東權益報酬率。那麼，為什麼股東權益報酬率這麼重要呢？

一個最主要的原因，是股東權益報酬率可以展現投資者對企業的要求，即要求企業好好使用他們對企業投入的每一分錢，盡最大努力讓這些錢產生更大的收益。至於企業如何滿足投資者的這個要求，是採取優質優價的方式，還是薄利多銷的方式，就顯得不是非常重要了。

股東權益報酬率是一項綜合性指標，它代表淨利潤與平均股東權益的百分比。投資者在對這項指標進行分析時，需要從以下幾個方面入手。

☐ 股東權益報酬率可以反映投資的獲利能力，該數值越大，投資產生的收益越高。

☐ 股東權益報酬率是從所有者的角度分析企業的獲利能力，總資產報酬率則從所有者與債權人的角度共同分析企業的獲利能力。在總資產報酬率相同的情況下，企業的資本結構不同，股東權益報酬率就會不同，投資者獲得的報酬自然也不同。

☐ 股東權益報酬率是判斷獲利能力的核心指標之一。

透過分析股東權益報酬率，投資者可以知道為什麼有些企業能帶給他們高報酬，而有些企業卻只是在浪費他們投入的資金。為了確保股東

權益報酬率維持在合理的水準上，投資者至少應該要求企業做到下面四項中的一項。

❑ 周轉率，即銷售額與總資產的比率足夠高。

❑ 財務槓桿更高。

❑ 所得稅更低。

❑ 銷售利潤率更高。

投資不同的行業，投資者對財務指標的關注度也要做調整。如果投資者投資零售行業，那麼資產周轉率就比銷售利潤率更重要。此外，企業採取的發展策略不同，也會使財務指標的重要程度出現差異。但綜合來看，無論企業處於什麼行業，採取哪種發展策略，只要股東權益報酬率足夠高，最終能為投資者帶來豐厚的報酬，那麼它就是一家值得投資的企業。

3.2.2
做投資，就要選擇獲利能力強的企業

一個不爭的事實是：企業的獲利能力越強、價值越大，投資者可以獲得的報酬就越豐厚。投資者在分析企業的獲利能力時，除了要考量股東權益報酬率外，還要考量相對值指標。反映企業獲利能力的相對值指標有很多，最重要的有以下幾個。

1. 銷售毛利率

銷售毛利率顯示企業的初始獲利能力，它是淨利潤的起點。如果沒有足夠高的銷售毛利率，那麼企業便很難形成較大的獲利。將銷售毛利

率與銷售毛利結合在一起分析，有助於投資者了解企業對管理費用、銷售費用和財務費用的承受能力。

但是，處於同一個行業的企業，其銷售毛利率一般相差不大。透過將企業的銷售毛利率與行業平均銷售毛利率進行比較，投資者可以了解企業在定價政策、生產成本控制等方面是否存在問題。這也是非常有效且常用的評估企業獲利能力的方法之一。

蘋果公司的毛利率一直在手機行業裡處於領先地位。根據 iFixit 機構的分析，iPhone13 Pro 的成本為 570 美元（換算成新臺幣大約是 18,015元），而 iPhone13 Pro 在臺灣的售價約為 35,000 元。iPhone13 Pro 的毛利率為 [（35,000 − 18,015）/35,000]×100%，大約是 48%。而這個毛利率在整個手機行業內排名第一。

2. 銷售淨利率

銷售淨利率可以顯示企業的最終獲利能力。該數值越大，說明企業的獲利能力越強。但是，不同行業的情況不同。例如，高科技行業的銷售淨利率通常很高，而工業和傳統製造業的銷售淨利率則較低。因此，投資者在分析該指標時，應該結合行業的具體情況。銷售淨利率並非只受到銷售收入的影響，還會受到業務利潤、投資收益、營業外收支等因素的影響。

3. 總資產報酬率

總資產報酬率顯示企業利用全部經濟資源獲得報酬的能力，可以反映企業的資產利用情況。該數值越大，說明企業在增加收入、節約開支

等方面的工作做得越好。投資者獲得的報酬是否豐厚，與企業資產的多寡、資產結構是否合理、經營管理水準高低有非常密切的關係。

　　與前文提到的股東權益報酬率相同，總資產報酬率也是一項綜合性指標。為了更精準地判斷企業的經濟效益，挖掘其提高利潤水準的潛力，投資者可以將總資產報酬率與行業平均水準進行對比，分析企業與行業龍頭企業之間的差異及形成差異的原因。

　　總資產報酬率與總資產周轉速度和淨利率相關。如果企業的淨利率高、總資產周轉速度快，那麼總資產報酬率就比較高。投資者可以從兩個方面入手、了解企業的總資產報酬率：資產管理是否到位，資產利用率是否夠高；銷售管理是否到位，利潤水準有無提高的可能。

4. 資本保值增值率

　　資本保值增值率可以顯示股東權益的保值與增值情況。投資者在分析資本保值增值率時，應該特別考量以下兩個方面。

❑ 引入其他投資者所產生的股東權益增加部分。當其他投資者為企業投入資金時，股東權益會增加，資本保值增值率也會隨之提高，但當期投資者可能並沒有獲得增值利潤。這是投資者需要特別關注的問題。

❑ 通貨膨脹。在通貨膨脹的影響下，即使資本保值增值率大於 1，投資者仍然可能會虧損。因此，投資者要保持謹慎態度，切勿盲目樂觀。

　　在企業發展過程中，經常會有閒置資金沒有合適用途的情況發生。為了實現資金保值和收益最大化，有些企業會選擇將閒置資金用於投資理財。這種做法很常見，如果處置得當，那麼企業可以獲得更多收益。

但創始人和投資者都應注意的是，這種處置方法會降低資金流動性。如果資產無法及時變現，流動資金無法滿足企業發展的需求，那將會為企業的穩定經營帶來很大的隱患。對此，投資者要多加注意。

　　收益最大化是投資者投資企業的根本動力，也是企業獲得發展的關鍵。獲利能力是企業的「生命線」，具備獲利能力的企業，才有可能進一步提升競爭力，並為投資者帶來更豐厚的報酬。因此，投資者要從多項指標入手，結合行業實際情況，分析企業的獲利能力，從而更好地配置自己的資金。

3.2.3
講解：A 企業的獲利能力分析

1. A 企業獲利能力指標（見表 3-2）

表 3-2 2018 ～ 2020 年 A 企業獲利能力指標一覽表（%）

序號	指標	2020 年	2019 年	2018 年
1	銷售淨利率	15.82	17.01	16.55
2	銷售利潤率	18.54	20.01	19.46
3	銷售毛利率	26.77	26.78	25.24
4	營業利潤率	18.55	20.06	19.53
5	資產淨利率	18.66	24.16	27.89
6	資產利潤率	21.86	28.42	32.8
7	資產報酬率	44.69	50.9	55.8
8	資本收益率	207.14	227.7	297.38

2. 同行業競爭對手獲利能力指標（見表 3-3）

表 3-3 2019 ～ 2020 年同行業競爭對手獲利能力指標一覽表（%）

序號	指標	B 企業		C 企業		D 企業		E 企業	
		2020年	2019年	2020年	2019年	2020年	2019年	2020年	2019年
1	銷售淨利率	5.29	4.59	7.42	6.32	4.17	4.52	6.91	7.34
2	銷售利潤率	6.2	5.49	7.92	8.51	0.42	0.42	7.7	7.99
3	銷售毛利率	18.38	14.7	15.76	15.98	12.56	15.54	21.77	17.53
4	營業利潤率	5.46	5.39	7.71	8.18	4.11	4.32	7.43	6.93
5	資產淨利率	5.61	未披露	15.48	未披露	6.21	未披露	10.36	未披露
6	資產利潤率	6.57	未披露	16.52	未披露	0.62	未披露	11.54	未披露
7	資產報酬率	14.27	未披露	45.07	未披露	13.4	未披露	31.15	未披露
8	資本收益率	27.89	40.53	46.34	71.68	32.85	72.53	94.66	94.26

3. 分析 A 企業的獲利能力

　　2020 年，A 企業的銷售淨利率為 15.82％，遠高於同行業競爭對手的平均水準，說明該企業每銷售 100 元的產品，就可以比競爭對手多獲得一部分淨利潤，其獲利能力要比競爭對手更強（詳情參見表 3-4）。但同時，投資者也應注意到，A 企業 2020 年的銷售淨利率低於 2019 年和 2018 年，說明其獲利能力有一定程度的下降（詳見表 3-5）。

表 3-4 2020 年 A 企業獲利能力指標行業對比情況一覽表 （%）

序號	指標	比同行業競爭對手的平均水準增減
1	銷售淨利率	9.88
2	銷售利潤率	12.98
3	銷售毛利率	9.65
4	營業利潤率	12.53
5	資產淨利率	9.25
6	資產利潤率	13.05
7	資產報酬率	18.72
8	資本收益率	156.86

表 3-5 2018 ～ 2020 年 A 企業獲利能力指標變化趨勢一覽表（%）

序號	指標	2020 年比 2019 年增減	2020 年比 2018 年增減
1	銷售淨利率	-1.19	-0.73
2	銷售利潤率	-1.47	-0.92
3	銷售毛利率	-0.01	1.53

4	營業利潤率	-1.51	-0.98
5	資產淨利率	-5.5	-9.23
6	資產利潤率	-6.56	-10.94
7	資產報酬率	-6.21	-11.11
8	資本收益率	-20.56	-90.24

A 企業 2020 年的銷售利潤率雖然分別比 2019 年和 2018 年下降了 1.47%、0.92%，但比同行業競爭對手的平均水準高 12.98%，這說明其獲利能力還是有優勢的。

在銷售毛利率方面，2020 年，A 企業的銷售毛利率基本上與 2019 年持平，甚至比 2018 年還有所提高。這說明該企業在競爭越來越激烈的情況下，積極擴大生產，進一步提高規模效益，嚴格控制單件產品的銷售成本。

透過表 3-6 可以看出，2020 年，A 企業營業成本占主營業務收入的比例與 2019 年相比沒有太大變化，與 2018 年相比則有所降低。但是，其銷售費用與管理費用卻比 2018 年和 2019 年更高，財務費用則基本上維持原有水準。

表 3-6 2018 ～ 2020 年 A 企業獲利能力縱向分析一覽表

項目	2020 年		2019 年		2018 年	
	數值（單位：元）	占比（%）	數值（單位：元）	占比（%）	數值（單位：元）	占比（%）
主營業務收入						

營業成本						
銷售費用						
管理費用						
財務費用						
進貨費用						
營業稅金及附加費用						
主營業務利潤						

　　由此可知，A 企業主營業務利潤占銷售收入的比例之所以下降，主要原因是該企業的銷售費用、管理費用增加。這兩項費用增加的主要原因是該企業為了應對激烈競爭，提升自己的影響力，而增加了廣告費用，並採取一些行銷策略來提高市場占有率。

　　2020 年，A 企業的其他業務利潤率比 2018 年、2019 年有所成長。但是，由於該企業主營業務利潤率下降，因此整體營業利潤率也有所下降，如表 3-7 所示。

表 3-7 2018 ～ 2020 年 A 企業營業利潤率分析比較一覽表（%）

指標	2020 年比值	2019 年比值	2018 年比值	2020 年比 2019 年增減	2020 年比 2018 年增減
主營業務利潤率					
其他業務利潤率					
合計：營業利潤率					

透過上述分析內容，可以得出以下結論。

☐ 綜合來看，2020 年，A 企業的獲利情況非常不錯，明顯優於競爭對手，這一點可以透過表 3-4 得到印證。

☐ 與 2019 年相比，2020 年 A 企業的獲利能力有所下降。這一點，在表 3-5 中有所展現。

該案例涉及的、與獲利能力相關的指標很全面，但缺少資本保值增值率。面對不同的企業，投資者在分析其獲利能力的指標時，也要根據實際情況做出相應的調整。

3.3
償債與成長，投資困境急待破局

　　企業在發展過程中需要負債，從而讓自己有更充裕的資金優化業務或更新產品。但如果企業只有負債，而沒有償債能力，那麼投資者就要提高警覺，避免讓自己陷入困境。此外，為了提高投資的成功率，投資者要對企業的成長能力進行分析，從而篩選出那些有巨大潛力的企業。

3.3.1
沒有償債能力的企業，請謹慎投資

　　正所謂「欠債還錢」，償債能力代表企業償還到期債務的能力，它可以反映財務狀況的好壞。投資者透過對企業的償債能力進行分析，可以了解企業是否能持續經營，並預估企業未來的收益情況。那麼，投資者應該如何對企業的償債能力進行分析呢？關鍵就在於掌握以下幾個指標。

1. 資產負債率

　　資產負債率是一個簡單、直觀的指標，其數值通常越小越好。資產負債率計算公式如下：

$$資產負債率＝總負債 \div 總資產 \times 100\%$$

如果一家企業的資產負債率大於或等於 50%，說明這家企業的財務狀況不佳，投資者要謹慎投資。但是，房地產、金融等行業的企業，其資產負債率普遍較高，因此，投資者還是要結合企業所處行業的屬性來綜合分析企業的資產負債率。

2. 流動比率

流動比率可以反映企業的短期償債能力。如果企業的資產流動性高，就表示這家企業的償債能力很強。流動比率的計算公式如下：

$$流動比率＝流動資產 \div 流動負債$$

流動資產通常由存貨、應收帳款等資產構成，如果其數值過大，那麼企業就可能累積大量存貨，無法將其銷售出去。流動比率過高，顯然不利於企業發展，但也不能過低，其數值一般維持在 2：1 左右較好。

3. 速動比率

速動比率反映企業資產可以立即變現、用於償還負債的能力。既然是立即變現，那麼投資者在分析企業的速動比率時，就要剔除不易變現的資產。速動比率計算公式如下：

$$速動比率＝速動資產 \div 流動負債$$

一般來說，速動比率維持在 1：1 是比較正常的。當然，也有一些企業的償債能力強，速動比率可以達到 3：1 左右。

投資者在分析企業的償債能力時，還要看其 5 年、甚至 10 年內資產負債率的均值。例如，雖然某企業的資產負債率偏高，但整體狀態非常穩定，近 5 年都維持在 35％左右。而同行業中的很多其他企業，都只有在行情好的情況下，資產負債率才會比較低。從這個角度來看，似乎該企業比其他企業更值得投資。因此，擁有長期的、穩定的償債能力，也是衡量企業投資價值的一個重要因素。

既然償債能力的影響如此巨大，為什麼大多數企業，尤其是有很高獲利的企業，還要貸款呢？這是因為債務是另一種形式的融資，它可以幫助企業實現透過資源撬動槓桿，推動企業發展，提升企業獲利水準。可見，債務對企業來說是一把「雙刃劍」。用得好，它可以幫助企業加速前進；一旦失控，它也可以讓企業陷入泥沼。所以，投資者需要根據實際情況，判斷企業的債務是否維持在合理水準。

不同行業的企業，其償債能力大有不同。即使是同一行業，企業的評級及相對應的償債能力也是不同的。銀行更願意向償債能力強的企業提供貸款，因此，優質的企業更容易獲得貸款，從而擁有更大的發展潛力。

在競爭激烈的商業世界中，資本更傾向於與強者聯手，實現強者恆強；弱者則可能因為得不到資本扶持而「兵敗如山倒」。例如，在 Facebook 發展得如日中天時，祖克柏從銀行進行個人貸款的利息是負數，因為他持有的股票增值速度，要比貸款利息高得多。銀行為他提供貸款，他可以獲得更多現金來撬動槓桿，而銀行也穩賺不賠，還可以對外宣傳自己擁有祖克柏這種高標竿客戶，以吸引更多客戶。雙方各取所需，皆大歡喜。

資產負債率、流動比率和速動比率是三項最基礎、最常用的衡量企

業獲利能力的指標。但其中任何一項指標都不能完全代表企業的實際情況。投資者想找到一家所有指標都非常不錯的企業，其難度堪比大海撈針。因此，投資者在衡量企業的獲利能力時，不能只關注某一項指標，而應該由點到線、再到面，對其進行綜合分析。

3.3.2
分析成長能力，瞄準企業的未來

投資者為企業投資，看重的是企業的未來。判斷一家企業有沒有未來，非常關鍵的一點，就是看這家企業有沒有足夠強大的成長能力。企業的成長能力越強，未來可能給予投資者的投資報酬越高。

我認為投資者對企業成長能力進行判斷的重點，是衡量企業的成長潛力和未來可能的價值。企業未來的價值越高，獲利的機率就越大，投資者獲得高報酬的機率也越大。但是，對統計學有了解的人應該都知道，投資者通常只能大概地衡量企業的成長能力，而無法十分確定地獲知企業的未來發展情況。

不過，投資的吸引力正來自於其不確定性。從邏輯上來說，一個行業裡經驗越多、經歷越多的人，對行業越了解，創業失敗的機率也越低，但其眼光也有可能被經歷所桎梏。很多時候，新人、年輕人由於經歷少，思維沒有被禁錮，因此有機會提出具有顛覆性的解決方案，從而為投資者帶來鉅額報酬。

華裔少年 Alexandr Wang 在 19 歲時從麻省理工學院輟學，創辦了數據標注公司 Scale AI，開啟了數據標注行業的新時代。投資者需要做的

是，分析該企業有多大機率可以朝更好的方向發展，並根據歷史數據預測其未來趨勢。

那麼，分析企業的成長能力，投資者要看哪幾點呢？具體如下。

1. 要看企業的營業收入

營業收入越多，說明企業的發展前景越好，成長能力越強。如果投資者了解營業收入的成長情況，那麼就可以預估企業的生命週期，分析企業當下處於哪個發展階段。

通常情況下，營業收入成長率高於 10%，說明企業處於成長期，未來有很大機率可以保持較好的成長狀況；營業收入成長率為 5%～10%，說明企業已經進入穩定期，即將迎來衰退期，需要研發和生產新產品；營業收入成長率低於 5%，說明企業已進入衰退期，如果沒有研發出新產品，則很可能會繼續走下坡路。

穩定的營業收入、持續的營業收入成長，是企業具備較強成長能力的最佳表現。

2. 要看經營活動現金流

成長能力強的企業，其經營活動產生的現金流和利潤是正相關的，而且兩者會同步成長。當然，有些時候，經營活動產生的現金流會大於淨利潤。如果一家企業的淨利潤有所增加，但經營活動產生的現金流在減少，那麼這家企業很可能是在利用淨利潤營造一種發展良好的假象。在這種情況下，投資者要考量企業的應收帳款和存貨是否大規模增加。

3. 要看自由現金流

自由現金流是企業獲得「真金白銀」的實際收入。自由現金流增加，說明企業的成長能力增強。

4. 要看定價權

如果企業具備定價權，那麼就可以在不增加成本的情況下獲得更多收入，而且這部分收入基本上都是利潤。這對投資者非常有利。但是，具備定價權的企業在投資者心中往往無法被取代，投資者很難找到其替代品。此類企業非常少，投資者需要具備非常強的綜合實力，才可以與其達成合作。

成長能力對企業來說很重要，也是投資者非常看重的一項能力，但評估這項能力卻非常難。而且，如果投資者過於看重企業的成長能力，那就很容易走偏。畢竟「成長」這兩個字太有吸引力了，甚至會促使很多投資者盲目追逐那些看似很有爆發力，其實是「繡花枕頭」的企業。

我自己在做投資時也非常重視企業的成長能力，但我更關注企業的綜合實力和文化願景。我認為投資要有長遠眼光，即除了分析企業的成長能力外，還要在心裡描繪企業未來的前景。至於企業以後可以賺多少錢，投資者只需要有一個大概的想法，而不必執著於計算出一個精準數值。

企業可以獲得更好的成長，靠的是「脫胎換骨」。例如，奇異（GE）從生產電燈泡起家，發展到如今，已成為一家由航空、清潔能源、醫療健康「三駕馬車」驅動的跨國集團；Facebook 從校園做到如今，已成為一個覆蓋全球的社交媒體平臺；Google 從搜尋引擎做起，如今已是尖端科技研發的推動者。這些都是企業「脫胎換骨」的結果，也是我所談的「成長」的真正含義。

　　我有一個有趣的判斷，那就是未來的蘋果公司可能會是一家頂尖的、從事生命健康產品研發的公司。從 iPhone 到 iWatch，從智慧電腦到智慧家居，蘋果公司的所有產品都在累積使用者的各種數據。例如，蘋果公司透過上百萬次的數據統計，準確識別什麼程度的撞擊可能來自車禍，並自動撥打電話呼叫救護車。

　　未來，如果蘋果公司對從配戴裝置上蒐集來的健康數據指標加以應用，那麼其很有可能涉足生命健康賽道。因為相比於行業內的其他企業，蘋果公司的產品在普及度、覆蓋度和數據蒐集能力等方面，都具有優勢。而對投資者來說，這些都顯示蘋果公司擁有巨大價值。

第 4 章
市場分析：機會和收益的變焦鏡頭

　　市場有良好的導向作用，它可以為投資者進行投資提供客觀依據。因此，投資者應該在投資前了解企業在市場中的真實情況，從行業分析、市場數據解讀、競爭分析等方面入手，選擇市場更廣闊的專案進行投資，以確保自己可以獲得更豐厚的報酬。

#

帶著「使命」了解整個行業

對所有投資者來說，了解整個行業是推動投資順利落地的必要條件，也是發現商機和做出正確投資決策的基本前提。如果投資者不了解行業，那麼就很難理解行業中的使用者行為、企業行為，更無法從中找到投資關鍵點。

4.1.1
古今兼顧：了解行業歷史及趨勢

由於在某些情況下，專案所涉及的行業未必是投資者了解的，所以，投資者想做出更精準的投資決策，就需要提前了解行業，對行業歷史及趨勢進行分析，確定投資是否可行。那麼，投資者應該如何做好這件事呢？下面以網際網路行業為例，對此進行說明。

網際網路行業經歷了發展迅速、聲勢強勁的階段，如今已經成為新興行業的基礎。甚至可以毫不誇張地說，當今社會任何事物都離不開網際網路。網際網路行業的發展變化跨越了幾十年，經歷了三個階段，如圖 4-1 所示。

圖 4-1 網際網路發展階段

1. 產生階段

☐ 電腦進入大多數家庭。比爾蓋茲發明的 Windows 系統讓電腦操作和上網更簡單，人們開始享受網際網路帶來的便利。

☐ 入口網站形成。網際網路行業的發展，使媒體行業發生了巨大變化，人們獲取資訊的方式也從關注報紙、期刊轉變為瀏覽入口網站。由此產生了以雅虎為代表的新一代入口網站。

☐ 多家網際網路公司崛起。隨著技術發展，入口網站已經不再是「霸主」，很多新技術與新產品開始運用網際網路為人們服務。例如，亞馬遜開啟了購物新模式；Google 做到了數字廣告自動化；Facebook 革新了社交方式，便於人們相互聯繫。

2. 發展階段

☐ 行動網際網路普及。隨著安卓系統與 iOS 系統問世，行動網際網路開始普及。手機的使用頻率超過電腦，手機 App 層出不窮，如 Instagram、X（原 Twitter）等，各類手遊也占據很大的市場占有率。此外，生活服務類 App 也非常受歡迎。

- ☐ 雲端計算和大數據興起。雖然網際網路企業強勢入局，但由於核心技術都掌握在某些行業大廠手裡，因此大多數網路企業仍然面臨著來自行業內部的激烈競爭，但真正掌握和運用好大數據技術的企業，才有話語權。

- ☐ 網際網路娛樂產業與網際網路金融服務迎來風口。隨著各類影視、綜藝、遊戲深入人心，各大企業爭相競逐，一些直播網站的興起，為藝人們帶來了機遇，「網紅」應運而生。

　　網路金融服務是新時代的產物，代表者有 Line Pay、街口支付等。越來越多的網路企業看見網路金融的商業價值，也開始提供相關服務。

3. 創新階段

　　2016 年，AlphaGo 戰勝李世乭，這象徵人工智慧時代的到來。人工智慧建立在雲端計算和大數據的基礎之上，相比這兩種技術，其成本與運作難度更高。因此，很多跟風的概念型企業很快出局，但還是有一部分企業先驅能夠真正實現技術落地，交出一份令人滿意的「答案卷」。

　　網際網路在創新階段的事物不僅有人工智慧，新出現的熱門概念元宇宙，在一定程度上也是網路更新的產物。「Z 世代」（1995 ～ 2009 年出生的人）出生和成長於網際網路迅速發展的時期，他們對數位化內容和虛擬世界的接受度較高。現在的技術可以把虛擬世界與現實世界連結在一起，讓他們獲得沉浸式體驗，找到那個理想的烏托邦。

　　技術在持續更新，時代在不斷進步，每天都有不同的事情發生，未來的每一天都有可能開啟新的網路時代。在了解行業歷史和趨勢的基礎上，投資者如果發現某家企業跟上了時代的步伐，進入了網路行業，關注與網路相關的人工智慧、元宇宙等概念，研發各類軟體，以豐富人們

的生活，並為生活與工作提供了便利，那麼就應該關注這家企業。

無論哪個國家的企業，都不能盲目追求在所有領域「彎道超車」，要立足長遠，腳踏實地謀發展。身為投資者，則應從歷史的面向探索機會、調整策略，從而更能了解行業發展的方向，保持判斷的理性和準確度。

投資者孜孜不倦尋找的，是那些未來可以引領行業、定義行業、顛覆行業的專案。那些專案往往把自身品牌塑造成行業的代替詞。例如，搜尋被叫做「Google 一下」、外送被稱為「叫 Uber Eats」等。這些企業無一例外，都成了行業名片和符號，它們是初級市場的投資者（尤其是早期投資者）都在尋找的絕佳標的。

4.1.2
競爭壁壘是強大的「保護傘」

我一直認為，對任何行業而言，競爭壁壘都是一把非常好的「保護傘」。根據本人的投資經驗，我認為，與技術、學術等硬性競爭壁壘相比，柔性競爭壁壘似乎更重要。雖然後者往往沒有一個通用的判斷標準，但在我看來，卻是決定企業、乃至行業成敗的重中之重。在我心中，企業的柔性競爭壁壘有以下三個。

1. 業務方向

業務方向正確與否，在一定程度上決定了創業者是否願意躬身入局，腳踏實地做別人不願意做的事。有投資價值的企業，通常會基於自己的業務方向，有意或無意地關注行業空白，挖掘尚未被開發的業務。

這些業務由於種種原因，被其他企業遺忘在角落裡，但實際上它們背後蘊含著非常大的價值。

2007年，舊金山有兩位設計師，他們是布萊恩·切斯基（Brian Chesky）和喬·傑比亞（Joe Gebbia），因為付不起房租而憂愁。情急之下，他們打算將閣樓出租，讓其他房客為自己分擔一部分房租。在美國，按照傳統做法，他們需要把租房消息釋出在租房網站上，但他們為了標新立異，便自己建立一個網站，刊登一張地板上擺有三張空氣床墊的照片。這張照片吸引了三位房客，每位房客向他們支付了80美元。他們也成功獲得了「第一桶金」。

後來他們嘗試把這種模式推廣到紐約等城市。起初他們為了讓出租房間的主人把房間按時、妥善地準備好，會親自上門提供清掃服務。現在10多年過去了，他們已經打造出一家市值高達1,000億美元的企業，這家企業就是Airbnb。它始於閣樓，靠著空氣床墊與早餐（Airbed&Breakfast）的生意，發展成享譽全球的民宿短租公寓預訂平臺。

2.持續累積數據的能力

以Facebook為例，如果它沒有建立使用者必須註冊才能瀏覽平臺內資訊的保護機制，那麼將很難累積大量數據，甚至恐怕早就已經倒閉了。還有蘋果公司，龐大的使用者數量，使其能夠憑藉豐富的數據，搭建一套完整的內容生態，讓硬體和軟體之間形成一個循環。這是後來者幾乎難以撼動的絕佳「護城河」。

3. 策略和執行力

很多領域有「贏者通吃」的現象，一部分企業便因此而對該領域望而卻步。正確的策略不僅能使企業站在「巨人」的肩膀上，吸收其他企業的成功經驗，還可以讓企業不斷累積優勢。

在 2000 年左右，Google 打算重建數據中心，但不希望競爭對手了解數據瘋狂成長的情況，便註冊了一家新企業，專門用於在美國境內尋找成本低、資源豐富的數據中心。這種低調發展的模式，一直持續到 2004 年 Google 上市之際。為了順利上市，Google 需要披露相關資料，此時其他企業才意識到，原來搜尋帶來的價值如此巨大，但為時已晚。

除了策略外，創業者和核心團隊的執行力也非常重要。

可能很多人都不知道，特斯拉並不是馬斯克創立的，他起初只是該企業的投資者。但不得不承認，直到他成為特斯拉的 CEO，該企業的傳奇商業故事才正式開始。

在初期階段，特斯拉的發展情況不是很好，面臨缺少資金的困境。當時馬斯克為了解救特斯拉，從美國能源部門拿到了 4.65 億美元的低息貸款。如果沒有這筆錢，那麼特斯拉恐怕生死難料，更遑論推動新能源汽車行業向前發展一大步了。

投資者要選擇的是領軍行業，這樣的行業可以將自己打造成為中心節點，連線更多人參與其中，從而形成自己的專屬競爭壁壘，並致力於為消費者解決問題。這樣的行業可能會充斥著模式各異、品質參差不齊

的企業，對此，投資者要做的，就是從中篩選出有發展潛力的企業進行投資。

4.1.3
分析行業發展前景不是主要工作

我一直有這樣的想法：在投資領域，好像所有投資者都在追求對行業發展前景的準確預測。當然，我不否認這項工作有一定的作用，但我在實踐過程中，可能更願意以一種開放的心態，用更大的格局，站在更高的角度去思考它。現在有一個不爭的事實 —— 幾乎所有類別的預測，都是基於過往的經驗，這就很容易導致大家被現有經驗束縛。也正因如此，很多投資者可能難以看清行業未來的機會與趨勢。這種情況在行業發展初期尤為明顯。

以比爾蓋茲創立微軟為例，他曾經說過這樣一句話：「640KB ought to be enough for anybody.」，大意為「640KB（千位元組）對任何人來說都應該足夠了」。而成立於 1957 年的美國數位設備公司（Digital Equipment Corporation，DEC，1998 年被康柏電腦收購）創始人奧爾森（Ken Olsen）也曾表示，一個人沒有任何理由在家裡放置一臺電腦。甚至科技大廠 IBM 也有過類似的判斷。

但是，事實證明，無論是蓋茲、奧爾森，還是 IBM，都抓住了機會。這就意味著，對投資者來說，真正重要的，也許不是將行業發展前景預測得多麼準確，而是擁抱行業變化，及時調整投資策略。

與 Google、微軟等行業大廠相比，亞馬遜在雲端計算服務方面的布局開始得很早。而起初貝佐斯也沒有意識到雲端計算的價值會如此巨

大，現在 AWS 已經是亞馬遜利潤的核心貢獻者。

綜合來看，「實行」比準確預測行業發展前景重要得多。能夠腳踏實地、保持頭腦和策略的靈活、不斷探索、不斷向更高臺階邁進的實行者，才是一個專案最強而有力的保障。投資者應該率先與這樣的實行者合作，以充分保護自己的利益。

4.2

解讀市場數據，用事實說話

投資者在分析市場時，要重視市場數據的蒐集和分析。市場的好壞和發展趨勢，在相當程度上是透過市場數據來展現的。因此，對投資者來說，了解滲透率、發展空間、市場規模等市場數據，並掌握透過這些數據分析市場的方法，是做好投資的基礎。

4.2.1
從滲透率到市場占有率

滲透率指的是市場上當前需求和潛在需求的比較。它可以顯示出市場處於何種階段，並為投資者提供指引。

在整個生命週期中，隨著滲透率的不斷變化，市場會經歷引入、成長、成熟、衰退四個階段。通常情況下，滲透率低於 10%，意味著市場剛剛引進產品，面臨很強的不確定性，且產品的效能可能也不夠完善，企業可以蜂擁而至；滲透率超過 10%，意味著產品有比較高的 CP 值，市場前景開始展現；滲透率為 70%～ 80%，意味著市場逐漸成熟，使用者對產品的需求趨於理性。

　　大多數投資者都偏愛滲透率快速上漲的發展階段，因為他們可以同時獲得來自業績成長和估值提升的收益。當然，我的喜好，從某種意義上來說，和他們是一樣的，而在以美國為代表的海外市場中，大型企業往往會享受一定的估值溢價，中小型企業則在估值上有折價現象。

　　隨著經濟的持續發展，一些新興市場已經進入成熟階段。在這個過程中，各企業之間的競爭，也從滲透率競爭逐漸轉化為市場占有率競爭，比如智慧型手機的發展。

　　但是，隨著市場逐漸成熟，滲透率趨於飽和，不知名的智慧型手機企業已經銷聲匿跡，最終結果還是行業大廠幾乎瓜分所有的市場占有率。由此可見，當企業進入市場占有率競爭階段時，行業大廠將具備更大的競爭優勢，這些優勢展現在品牌、規模效應、技術投入等方面。

　　大多數行業都會經歷從滲透率競爭到市場占有率競爭的轉化過程，在這個過程中，行業大廠會在市場中分得更大的「蛋糕」。這也是當市場越來越成熟後，行業大廠會享受估值溢價的關鍵原因。因此，投資者在投資時，要分析市場的發展階段，問一問自己：應該為行業大廠投資，還是為中小型企業投資？而這個問題的答案，就在上面的內容中。

4.2.2
了解企業所處市場的發展空間

　　任何市場都具有流動性，市場不同，其發展空間也不同。我建議投資者從以下 3 個方面入手，分析企業所處市場的發展空間，如圖 4-2所示。

圖 4-2 了解企業所處市場的發展空間

1. 國家政策

投資者首先要看國家的政策方向，這是整個市場所處的大環境。一些國家政策會對經濟發展產生影響，投資者要選擇在政策方面有優勢的行業。例如，若國家重視策略性新興行業、綠色能源行業的發展，因而此類行業會受到政策方面的照顧，發展前景良好。

其實很多行業都需要政策的支持，才會發展得更好。所以，投資者在分析企業所處市場的發展空間時，不要脫離政策，可以透過國家產業政策官網和各類財經網站獲取相關資訊。

2. 行業規模

投資者對企業所處市場的發展空間進行分析，需要考量行業規模。行業規模越大，說明其擴展範圍越廣，對其投資獲得成功的機會就越大。如果行業規模較小，局限於某些地區，那麼對其投資獲得成功的機會就很小。

投資者可以透過與行業對應的客戶群體看出其規模。若是服務於大眾的行業，其規模往往較大；若是服務於某一類客戶群體的行業，則其規模一般較小。投資者還可以透過行業的產品銷售情況是否受地域影

響、領先企業的產值如何等問題，去判斷市場的發展空間。

對行業規模進行準確判斷的困難在於，投資者很難看到一個行業未來的全貌。每個行業都是動態變化和持續發展的，所以投資者更應該在趨勢和方向上進行判斷，而不是試圖做出一個準確的靜態預測。

例如，手機市場如今的規模已經是電腦的十倍。未來，下一代產生的市場可能又是手機市場的十倍、甚至百倍以上，其對晶片和數據處理的需求自然不用多說。這就是一種仔細的趨勢判斷。但這個市場最終會有多大，現在誰也無法妄下定論。

3. 經濟指標

經濟指標反映市場現在和未來是否景氣。很多行業之間的發展是相互影響的。例如，根據房地產行業的相關數據，可以推測家居裝飾行業未來的發展情況；根據美元的走勢，可以推測有色金屬的價格波動情況。投資者可以從國家統計資訊網或股票軟體中查詢相關數據，美國也有更系統、完整的數據對大眾釋出，投資者要對這些資訊保持關注。

但需要注意的是，公布出來的數據可能是被調整過的。這很可能會對投資決策和企業的生產策略造成影響。所以，企業家和投資者自身對行業的判斷與直覺，是非常重要的。他們必須撥開迷霧，有自己獨立的思考和判斷。

投資者在了解企業所處市場的發展空間時，可以從上述三個方面入手。通常來說，市場所處的大環境越好、行業規模越大、經濟指標越正向、發展前景越好，企業的潛力也就越大，投資者會更容易獲得超額報酬。

4.2.3
思考：市場規模真的可靠嗎

市場規模的大小一般是以使用者和收入情況來衡量的，即使用者數量越多、收入越豐厚，市場規模就越大。市場規模越大，企業和專案的發展就越好，對投資者也越有利。那麼，投資者應該怎樣分辨創業者提供的市場規模是真實、可靠的呢？這時數據的功能就展現出來了，投資者可以要求創業者把市場規模用數據的形式展示出來。

與市場規模相關的指標，有使用者人數和行業整體利潤，這兩個指標必須以具體的數據表現出來。投資者在進行市場規模分析時，將與之相關的使用者數量、利潤、收入等重要資訊，以數據的形式展現，就可以根據數據直觀地感受專案所面對的市場情況，由此來進行科學、合理的市場評估。

其實提到市場規模分析，我還想到前文介紹的 Scale AI 的案例。

2016 年，Alexandr Wang 選擇從美國麻省理工學院退學，與當時剛滿 22 歲的露西（Lucy Guo）聯合創辦了 Scale AI。從為自動駕駛類客戶提供服務開始，這家企業就只做一件事：數據標注。數據標注是一項又苦、又累、又耗費精力的事，而且市場規模也不是很大。當時很多機構都會選擇將此業務外包，從而將重心放在核心業務上。

Scale AI 看到了數據標注市場的紅利，於是選擇為廣大機構提供這樣的服務。在 Alexandr Wang 的帶領下，該企業完成了海量數據的標注工作，並用這些標注好的數據，搭建自己的智慧數據平臺，同時訓練自己的機器進行學習。5 年後，Scale AI 獲得非常好的成績。

Scale AI 拿下了來自美國國防部、價值 9,100 萬美元的大訂單，完成共計 3.25 億美元的 E 輪融資，估值達到 73 億美元，成為全球估值最高的智慧數據標注企業。

我之所以講 Scale AI 的案例，其實是想告訴廣大投資者一個道理：市場規模的確是影響投資策略的關鍵指標，但專案是否有潛力、企業是否挖掘出市場空白等因素，同樣非常重要。以更全面、更多角度的視角，對市場和專案進行分析，提高投資的科學度、降低投資決策的失誤率，幫助投資者掌握經濟發展的規律及未來行業的動態變化。

4.3
分析市場情況，找到真正的「大蛋糕」

投資者很難在一開始就迅速看清市場情況，這通常是因為其固有經歷和已有認知的限制。但其實很多企業的成功，是其創始人自己都沒有預料到的。例如，祖克柏當時一定想像不到，一個校內網站會在 10 多年後，化身為市值近兆美元的社交大廠 Facebook。

雖然要做好市場情況分析不是那麼簡單，但投資者也不能忽視這項工作。投資者要從目標市場分析開始，充分識別市場機會，了解產品在市場上的供需情況。當然，如果遇到具備強大開拓能力的創業者，那麼投資者也必須好好把握。

4.3.1
市場之戰，從目標市場分析開始

一般來說，投資者在投資前都希望自己可以充分了解目標市場，因為這樣有助於對目標市場形成認知，也對尋找更有價值的商機有幫助。投資者對目標市場進行分析，不僅可以判斷企業的行銷活動是否有針對性，還可以指導企業為新產品找到更合適的銷路。

那麼，投資者應該如何做好目標市場分析呢？以葡萄酒市場為例，葡萄酒是僅次於啤酒、受民眾歡迎的酒類。隨著這個行業的不斷擴張，葡萄酒的價格越來越親民，各種等級的產品應有盡有。某投資者從 4 個方面對葡萄酒的目標市場進行了分析，如圖 4-3 所示。

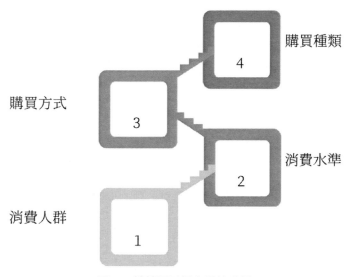

圖 4-3 葡萄酒目標市場的分析

1. 消費人群

經過調查與分析，該投資者發現葡萄酒的消費人群在不斷擴大，其中以 25 ～ 45 歲的年輕人和中年人為主。從職業特徵方面來看，這部分人是企業白領、服務業從業者、企業管理人員等。還有一部分高學歷、高收入、高消費人群，他們之中的一些人曾留學海外，具有豐富的葡萄酒知識與飲用經驗。他們普遍偏愛進口葡萄酒，在一定程度上，引領了高階消費族群的葡萄酒消費方向。

2. 消費水準

透過對葡萄酒專區的銷售數據進行統計，該投資者發現，目前某商場引進的葡萄酒有 300 多種，其中 500 元左右的占據一半，銷量甚好。雖然高階葡萄酒受到部分高收入人士追逐，但銷售量有限，此情況非常值得關注。

3. 購買方式

外國的葡萄酒消費者通常會在超市裡面自行選購葡萄酒，但也有消費者會選擇團購的方式線上購買。一些高階酒莊則會吸引高階消費者光顧。

4. 購買種類

消費者在購買葡萄酒時，首先看重的是品牌，一般法國葡萄酒是消費者的首選；其次才會考量價格，當然，價格越親民越受歡迎。

上述投資者對目標市場的分析清楚、透澈，有條有理地呈現消費族群特徵、市場消費水準的總體特徵和消費者購買葡萄酒的方式及種類等，這有利於其迅速了解目標市場的具體情況。相信很多投資者可以從這個案例中，學到一些有關目標市場分析的技巧和方法，希望大家可以將其靈活地運用到實踐中。

決策者對市場的理解和分析，對企業的發展至關重要。在大多數情況下，同樣產品和相似的經營策略，在不同國家或地區的表現形式和帶來的結果完全不同。例如，麥當勞在美國的定位是低階消費速食，但在大多數發展中國家，它卻成為高品質速食的代表。

4.3.2
識別市場機會，看「蛋糕」是否夠大

在我看來，市場機會通常展現在三個方面：出現新型消費族群、出現消費者尚未被滿足的需求、出現滿足消費者需求的新方法或新工藝。雖然市場機會往往會受到消費者的消費觀念和消費行為影響，但也與企業的行銷活動息息相關。

行銷活動會讓消費者的消費觀念和消費行為發生變化，而與之相對應，在行銷學中，存在消費者需求的無限性假設。這個假設的核心是認為消費者的需求是無限的，從這個意義上來說，市場機會也應該是無限的。但假設畢竟是假設，投資者還是要對市場機會進行識別。在我看來，投資者識別市場機會，可以從以下兩個方面入手。

1. 對企業的業務範圍進行界定

對企業的業務範圍進行界定，就是了解企業服務的消費者類別、分析業務滿足這些消費者的哪些需求及企業透過哪些方法滿足這些需求……等。此外，投資者在發現企業需要進行策略調整時，要判斷其業務範圍的變化是否保持一定的連貫性。

2. 進行產品與市場分析

投資者在了解企業的業務範圍後，可以縮小識別市場機會的範圍，將範圍控制在與其業務範圍相關的領域。而展開這個工作還不錯的方法，是進行產品與市場分析。也就是說，投資者應該把產品的核心屬性與消費者的需求特徵羅列出來，並對市場進行細分，比較企業現有的產品或服務是否滿足消費者需求，還有沒有尚未被滿足的需求。這樣可以

幫助投資者找到市場縫隙，確定企業是否有面臨比較大的市場機會，從而更能做出投資決策。

完成了市場機會識別，投資者可能會發現企業面臨的市場機會。但需要注意的是，不是所有的市場機會都適合企業，投資者還應該對市場機會與企業的匹配度進行分析。

首先，投資者要檢驗市場機會與行銷管道、行銷方式、企業定位、品牌定位、產品風格、主營業務等要素是否一致。如果市場機會與這些要素不完全匹配，那麼投資者也可以將企業的發展策略和經營策略融入其中進行分析。

其次，投資者要對企業進行 SWOT 分析（「S」是 Strength，指企業自身優勢；「W」是 Weakness，指企業自身劣勢；「O」是 Opportunity，指市場機會的外部有利要素；「T」是 Threat，指市場機會的外部威脅），客觀地評估其面臨的市場機會。

如果企業的自身劣勢與外部威脅是無法克服的，甚至是致命的，那麼這個市場機會就沒有意義，投資者也就沒有必要對其進行投資。

M 企業是一家為資訊科技從業者提供前端開發培訓的初創公司，其研發了一個網站。在這個網站上，資訊科技從業者能學到實用技能，從而在企業勝任前端開發工作。目前市場上同類課程較少，而且很少提供實作訓練。透過 SWOT 分析法，投資者可以將這家企業的優勢和劣勢列出來。

1. 優勢

（1）初創企業，團隊精簡，策略調整快；

（2）課程品質高，平均每節課 15 分鐘，內容豐富，沒有廢話；

（3）內容垂直，1 對 1 解答，服務好，學員目的性明確。

2. 劣勢

（1）創業企業風險高，缺少資金；

（2）課程品質高，更新速度相對慢。

3. 機會

（1）網際網路發展趨勢好，傳統企業紛紛轉型，資訊科技技術人才缺口大；

（2）市場上類似課程少，現有課程乏味且不實用。

4. 威脅

（1）盜版現象嚴重，課程容易被抄襲、複製；

（2）大型機構更得消費者信任，它們可能推出同類課程搶奪市場占有率。

在對企業進行 SWOT 分析後，投資者就可以將各種要素組合起來加以分析，得出企業發展的切入點。企業要找到一個獨特、有效的切入點，成功後再逐漸擴張。

再次，投資者要分析市場容量。沒有市場容量的企業，一定沒有市場機會。投資者在分析市場容量時，要考量兩個變數：願意消費且有購買能力的潛在消費者數量、在會計期間內潛在消費者的購買頻率。如果市場容量大，企業可以獲利，那麼其中就可以挖掘出市場機會。

另外很重要的一點是，企業應該能創造出更多的需求。例如，蘋果公司每年都推出新產品，一方面吸引新使用者，另一方面讓已有使用者成為新的消費力量。而身為科技行業的佼佼者，蘋果公司每次推出新產品，都會掀起一波時尚風潮，這是其非常有優勢的競爭點。

最後，投資者要檢驗市場機會與企業的能力是否匹配。這是識別市場機會最關鍵的一步。企業只有具備與市場機會相符的產品研發能力、技術能力、生產與製造能力、行銷能力等，才可以將市場機會轉化為獲利機會，這樣的企業也更具投資價值。

4.3.3
掌握產品在市場上的供需情況

產品在市場上的供需情況有兩種可能：在未來一段時間內，如果產品供不應求，則目標使用者的選擇餘地變小，企業可以擴大生產，並採用無差別行銷策略；反之，供過於求，使用者的選擇變多，企業需要控制生產，行銷策略要有所區別。

投資者對產品在市場上的供需情況進行分析，有利於了解企業投入市場的產品將面臨何種情況：是銷量持續走高，還是後勁不足、銷量難以為繼。某位投資者想涉足彩妝行業，便對彩妝產品在市場上的供需情況及發展趨勢做了以下分析，如圖 4-4 所示。

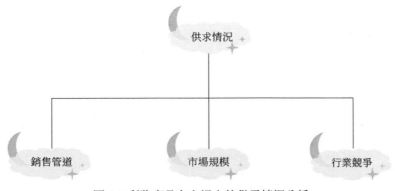

圖 4-4 彩妝產品在市場上的供需情況分析

　　首先，了解銷售管道。彩妝產品自進入市場以來，最直接的銷售平臺和打造品牌形象的重要方式，就是百貨專櫃，高階彩妝產品尤其如此。因為百貨專櫃的高階裝飾、時尚風格，往往能彰顯彩妝品牌的理念，並能吸引廣大年輕群體。不僅如此，百貨專櫃還會為消費者提供諮詢、免費體驗、訂製服務等，消費者可以獲得全方位的購買體驗。

　　隨著行動網際網路的普及和電商行業的發展，線上購買、直播購買等方式越來越受到消費者的歡迎。在這樣的趨勢下，擁有百貨專櫃和電商管道的彩妝品牌，更能獲得消費者認可，其產品銷量也更有保障，產品供不應求，例如 3CE 等彩妝品牌。

　　其次，了解市場規模。隨著人均收入水準的提升，消費者在彩妝方面的支出明顯成長，未來，隨著人們的彩妝消費觀念不斷更新，彩妝市場將迎來快速發展期。

　　在產品類別方面，臉部彩妝產品銷售速度較快，且隨著生活節奏的加快，消費者更喜歡多效合一的彩妝產品。在其他彩妝產品中，唇部彩妝產品的銷量有保障，呈現穩定上漲的態勢，這源於新時代消費者對唇部美的認知與追崇。

　　最後，了解行業競爭情況。國內彩妝市場一直被國際品牌占據，這些國際品牌往往具有口碑好、產品品質穩定、銷售管道成熟等優勢，因而贏得大量消費者，並為本土品牌帶來比較大的競爭壓力。但是，國際品牌一直致力於全球產品的協調與統一，且決策流程嚴謹，在針對區域市場不夠靈活時，就給了本土品牌發展的機會。

　　此外，本土品牌能夠針對當地的消費結構與消費者的皮膚狀況進行產品研發與品牌定位，會越來越受消費者喜愛與追捧，發展前景良好。

　　由以上三點分析，我們可以看出，彩妝市場處於不斷發展的階段，企業積極研發和創新彩妝產品，消費者的彩妝觀念也在發生變化。未來，消費者對本土彩妝品牌的需求會逐漸增強，市場上彩妝產品可能會供不應求。所以，該投資者考慮投資彩妝行業的想法是可行的。

4.4
知己知彼，做市場競爭分析

投資界有一句話：「最終擊敗投資者的，很可能是根本看不見的競爭對手。」市場瞬息萬變，企業的成長動力在一定程度上來自競爭對手。正所謂「知己知彼，百戰不殆」，投資者要重視市場競爭分析，了解企業現有或潛在的競爭對手。

只有了解企業的競爭對手，投資者才能做到「後發制人」，穩操勝券。利用先行者的經驗，遵循其已經實踐過的商業模式，從而降低風險。

4.4.1
核心競爭力才是王道

核心競爭力一般是指企業擁有的核心優勢，也就是企業有什麼與眾不同的地方。投資者之所以願意為一家企業投資，根本原因在於該企業擁有某種吸引他們的特質。某些企業的投資價值可能不在於它有多麼偉大，而在於它是否可以比其他企業做得更好、更有發展前途。

在進行早期投資時，我非常在意企業是否具備技術累積與不斷迭代的能力。試想，如果企業從來沒有生產過飛機，卻突然要生產一架飛機，它能做好嗎？答案顯而易見。技術是一個需要經過循序漸進的研磨、建立在經驗累積基礎上的產物，是企業的核心競爭力之一。

幾年前，我參加一個商務會議，認識一位年輕人。他的志向是要造出純國產汽車。我當時認為，已經有那麼多企業都在造車，他再做同樣的事有什麼意義呢？但他卻有不同的想法，他認為國內大部分汽車企業的生產模式都以複製為主，可能不理解為什麼每個零件要那樣設計。如果這些企業一直不知道從何處來，那就難以知道未來去往何處。對這些企業來說，要追趕和超越行業內的其他企業，更是無從談起，因為技術迭代是一個非常重要的過程。

雖然後來我沒有再見過他，也不知道他的近況如何，但他這樣的人，是我欣賞、尊敬的創業者，我對他們有強烈的信心，希望他們在未來的某一天可以實現夢想。

豐元資本之所以會投資北美頂尖生鮮電商「Weee！」，就是因為其具有核心競爭力。

「Weee！」起初的商業型態只是社群團購，即集中採購貨物，然後使用者去中間人那裡自行取貨，它不提供任何配送服務。一開始服務的只有華人群體，因此這個專案的市場空間非常小。後來「Weee！」發現自己的貨運速度難以保證，便開始買車，並應徵司機為使用者提供更好的服務。

隨著不斷發展，「Weee！」售賣的產品種類越來越多，遠遠超過矽谷的某些連鎖超市。在不斷優化使用者的消費體驗後，使用「Weee！」的人已經很少去美國當地的連鎖超市了。

如今，「Weee！」已經是一家知名的食品供應商，服務的城市從矽谷延伸到洛杉磯、紐約等。「Weee！」從華人多的地方起步，逐漸拓展到其他使用者群體的所在地區，進而發展到生鮮食品郵寄服務可以覆蓋整個美國。其產品直接從農場運送到使用者家裡，比大部分線下實體超市的更新鮮。誰也無法想像，一家最初專注於社群團購、產品稀少的電商服務平臺，竟然可以獲得如此迅速的發展。

其實無論是做團購的「Weee！」，還是做圖書銷售、如今已經是業界標竿的亞馬遜，又或者是做搜尋的 Google，它們都是從一個精細的業務點切入，不斷深耕並發展，最終形成了自己的核心競爭力。

4.4.2
管道優勢是企業的寶貴財富

在投資界，有管道優勢的企業似乎已經成為「搶手貨」。為了使投資更有保障，投資者要對企業的管道優勢進行更深入、更仔細的分析，如圖 4-5 所示。

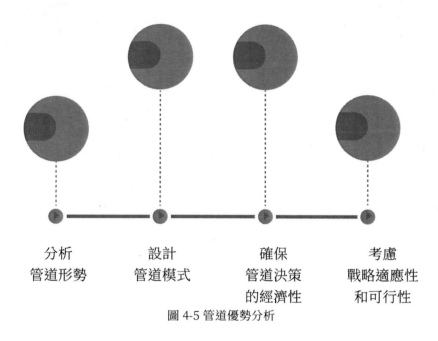

分析　　　　設計　　　　確保　　　　考慮
管道形勢　管道模式　管道決策　戰略適應性
　　　　　　　　　　的經濟性　和可行性

圖 4-5 管道優勢分析

1. 分析管道形勢

分析管道形勢的目的是了解企業及其競爭對手在成本變動、市場覆蓋情況等方面的差異。很多投資者對產品的價格、存貨、收益、周轉等方面的情況瞭如指掌，但對其競爭對手的情況了解得少之又少。因此，投資者在進行管道形勢分析時，不僅要了解企業的優勢，還要了解其競爭對手使用的管道和各類管道所占的市場占有率。投資者應該將競爭對手的數據與企業的數據對比，了解企業從各類管道獲取利潤的能力，掌握各類管道的成長速度與市場覆蓋情況。

2. 設計管道模式

管道模式設計是建立在市場調查的基礎上。在這方面，投資者要關注管道為專案提供的價值，這種價值是從消費者的角度去考量的，即了

解消費者的需求。投資者應該在專案中進行權衡，了解各類管道在專案中的成本差異。

此外，不同的消費者對產品的了解程度不同，這取決於他們的需求和購買能力。如果產品品類豐富，每種產品對應的消費者差異度較大，那麼企業最好根據實際情況對消費者進行細分，並為不同的消費者設計不同的管道。站在投資者的角度來看，可以為不同的消費者開闢不同管道的企業更值得投資。

3. 確保管道決策的經濟性

在對管道進行研究時，投資者需要從成本、收入等方面入手。在成本方面，如果各類管道之間存在競爭關係，那麼其成本優勢就會展現出來。在這種情況下，投資者最好選擇布局多元化管道策略的企業。在收入方面，投資者主要考量兩個因素：一是產品與目標群體的接觸程度；二是產品與目標群體接觸後的轉化效果。

4. 考量策略適應性和可行性

投資者必須考量管道的策略適應性和可行性。優秀的管道策略需要對總體策略有推進作用，使企業的業績達到預期目標。如果企業為了達到預期目標，而採用複合型競爭管道，那麼這些管道很可能會提供劣質服務，影響企業的發展。對此，投資者需要重視。

以蘋果為例，蘋果的抽成比例高，為什麼供應商還喜歡與它合作？因為供應商更看重其品牌和服務，所以願意犧牲這部分利潤。而零售連鎖商 Costco 以物美價廉著稱，但供應商賺不到什麼錢，因為 Costco 要求

在原本就不高的批發價中，抽取 30％ 的收入。這對消費者來說是好事，但對供應商來說，Costco 未必是一個好管道。

由此可見，企業應該想方設法開發自己的新管道，這是投資者很看重的一點。如果企業在舊有管道裡話語權太小，那麼很可能會被榨取一部分獲利。所以，現在很多企業都非常重視自有媒體平臺流量的建設，希望透過這種方式，把消費者留存下來，增加其黏著度，從而擁有自己的新管道。

綜上所述，投資者在投資前，需要結合以上幾個方面進行管道優勢分析，對目標企業目前使用的管道進行調查與研究，判斷其是否有完善的管道計畫，並將目標企業與其他企業進行比較，確保其管道策略安全、可靠，能夠長久地執行。

4.4.3
獨特而不奇葩：產品差異化分析

差異化一般是指產品差異化，這是企業在競爭過程中經常使用的一種重要策略，例如，讓產品的品質、效能標新立異，讓使用者耳目一新。與同類產品相比，有獨特性的產品更容易受到使用者的追捧，但這裡的獨特性並不等同於奇葩。如果企業過於追求差異化，研發很多使用者無法接受的奇葩產品，那麼選擇這家企業的投資者很可能面臨較高的風險。

通常來說，產品的差異化程度越高，漲價的可能性越高，價格與邊際成本的差額也越大，企業就越具有競爭力。在分析產品差異化時，投資者可以考察企業的資源分配策略、產品促銷策略、服務策略等。

　　某投資者想投資一家手機企業，便對這家企業的產品差異化進行了分析，以判斷其與競爭對手相比是否有優勢。

　　首先，該企業設計的手機機型很獨特，符合消費者的審美觀。雖然手機在效能方面還有一定的改進空間，但無論從其價格、品質，還是從款式上來說，都符合消費者的購買偏好，其未來銷量應該不錯，可以帶給企業和投資者豐厚的利潤。

　　其次，手機形狀很獨特。該企業投入大量資源，研製出更先進、符合科技潮流的摺疊手機，並不斷擴大其記憶體，提升其效能。這種手機很容易獲得消費者的喜愛。

　　最後，該企業的銷售管道很奇特，只接受網路下單，而且未必有現貨。這樣就可以展開預售活動，進行「飢餓」行銷，促使更多消費者購買產品。

　　投資者可以結合以上幾個方面，進行產品差異化分析，以了解產品是否存在能讓自己眼前一亮的特質。企業具有差異化優勢，就說明它存在巨大商機，這是投資者要特別關注的。

第 5 章

商業模式整理：企業頂尖設計之道

　　關於商業模式是什麼這個問題，各學派往往有不同的定義和解讀，「商業模式是利益相關者的交易結構」，在我看來，優秀、值得投資的商業模式，可以創造新增量，讓每一個利益相關者都獲得更豐厚的報酬。

　　此外，好的商業模式還要與企業自身的業務和發展需求相契合。在企業的成長過程中，創業者無論是創造全新的商業模式，還是學習其他企業的經典商業模式，都要與企業的發展需求相匹配。

5.1
商業模式背後的企業價值論

優秀的企業一定擁有一套合理、科學的商業模式。因為好的商業模式可以讓企業實現可持續發展，並持續提升企業的獲利能力。如果企業在與使用者建立良性連線後，始終沒有良好的商業模式作為支撐，那麼這家企業很難真正發展壯大，投資者也就沒有對其進行投資的必要。

5.1.1
做投資，要認準值錢的企業

「我的專案不需要砸很多錢，不到兩年就能實現獲利。」「我們企業有發明專利，過幾年就可以上市。」經常有創業者以這樣的口吻向投資者「兜售」他們對專案的想法和預期。但這些創業者其實不明白，在投資者眼裡，賺錢的企業和值錢的企業是不一樣的。有經驗的投資者能在對企業進行分類的過程中，很快地判斷出企業是否值得投資。

任何企業都需要賺錢，這無可厚非，但我認為，正在賺錢的企業反而可能不值錢。例如，擁有優秀主廚的 A 餐廳，不到半年就實現獲利；花費上百萬元研究服務流程和產品標準的 B 餐廳，經營一年多了還是沒有賺錢。這兩個餐廳哪個更值得投資呢？很明顯是第二個。

A 餐廳代表很快就能賺錢的企業，B 餐廳則代表值錢的企業。因為後者在未來能以更快的速度擴張，而且成本更低，能讓投資者獲得更多。

投資者孜孜以求的，就是創業公司的潛力和未來發展。因此，投資者往往會傾向於選擇未來更有價值的企業，而不會將當下或短期是否獲利當成是否投資的主要依據。賺錢的企業可能不是很值錢，這是為什麼呢？

首先，賺錢的企業可能業務範圍有限。

例如，在餐飲行業，顧客的口味往往具有比較強的地域特徵，如南部人愛吃甜等。A 餐廳迎合當地顧客的口味，能夠快速實現獲利，但不一定能擴張到其他地區。其他行業也是如此，有時企業會主打某地區市場，創業者會被這個目標限制住，在舒適區止步不前。這樣的企業缺點很明顯，即業務範圍有限，無法廣泛推廣，所以難以獲得資本的青睞。

其次，賺錢的企業可能業務模式單一。

很多企業的業務模式可能比較單一，銷售體系無法複製，而且人力成本很高。A 餐廳能快速實現獲利，是因為它找到了一個技藝精湛的大廚。這也意味著，A 餐廳的業務需要始終圍繞該大廚展開。一旦該大廚離職，A 餐廳將不再具有競爭優勢，從而陷入一種被動局面。

與值錢的企業相比，賺錢的企業存在的最大缺點，就是缺少可持續的獲利能力和成長空間。而值錢的企業往往有一個光明的未來，創造的獲利會非常豐厚。當然，對投資者來說，衡量一家企業值錢與否，並不能只依靠獲利等指標，還要綜合考量其商業模式、盈利模式、市場規模、市場定位等因素。

值錢的企業可能暫時處於虧損狀態，但只要它成功地搶奪了使用

者、占據了市場占有率，最終一定能夠轉虧為盈。綜合地看，值錢的企業往往有以下特點。

1. 產品的擴展性強

和 A 餐廳相比，B 餐廳沒有急於開業，也沒有將目光局限於單一市場，而是從整個餐飲行業出發，制定了全新的服務流程和產品標準，同時將經營範圍擴大至全國。可見，在企業建立初期，創業者可以將小範圍的使用者當成目標使用者，但一定要立足於更長遠的發展。

2. 業務具有可複製性

一家值錢的企業，其業務應該是可複製的。B 餐廳制定了全新的服務流程和產品標準，在經營過程中只需要根據實際情況對其進行完善，就可以讓每個分店都使用這個流程和標準，而不需要花費成本重新進行分析與研發。其他類別的企業也一樣，在經營過程中，隨著業務範圍的進一步擴大，業務的可複製效能降低企業的邊際成本。同時，企業可以在經營過程中不斷試錯，進一步完善業務標準，從而更充分地滿足自身擴張的需求。

在尚未獲利的階段，企業把錢花在哪裡、是否要花很多錢，就變得非常重要。如果企業花很多錢是在為以後的發展奠定基礎，那就是值得的和合理的。對此類企業的行為，我比較喜歡用「跑馬圈地」這個詞來形容。

「跑馬圈地」本來是圈定土地歸屬權的一種方式，但現在已經演變成網際網路、新零售等行業內企業的一種典型做法。這些企業透過前期不惜虧損的燒錢策略，來獲取更多使用者流量、占據市場占有率，之後再將巨大的流量變現，實現獲利。

當下的企業比拚的可能不僅是資金實力和獲利能力，更多的是社會資源和創業想像力。如果企業沒有足夠多的社會資源和足夠強大的創業想像力，那麼即使賺錢，也無法吸納大量投資者。

5.1.2
免費型商業模式真的「免費」嗎

免費型商業模式是指透過免費的產品或服務吸引使用者，然後再透過提供增值服務等方式獲取利益的商業模式。其主要形式有兩種：一種是產品免費、廣告收費；另一種是產品免費、增值服務收費。如今，使用免費型商業模式的企業大多是資訊企業，此類企業每天都會向人們傳送大量資訊，其獲利來源主要有以下三種。

1. 廣告費用

除了電商企業外，資訊企業也可以透過為廣告主提供廣告投放服務的方式，收取一定的費用。網站頁面上會有各式各樣的廣告，廣告主需要為這些廣告向網站支付一定的費用。但是，如果資訊企業為了獲得獲利而隨意打廣告，那麼投資者就要對其多加注意。

投資者想投資資訊企業，首先必須考察其形象，確保其廣告投放的精準度，嚴格控制其廣告數量，以免引起使用者不滿。當然，有的企業在這方面也非常自覺。例如，視訊會議軟體 Zoom 手握大量使用者流量資源，是新冠肺炎疫情期間使用者使用頻率大幅提升的軟體，能夠為廣告購買方提供的市場價值非常高。儘管如此，Zoom 依然選擇有節制地向使用者投放廣告，以免變現行為影響使用者的使用體驗。

2. 管道抽成

使用免費型商業模式的企業，通常會開通訂閱功能，這樣在人們選擇訂閱欄目的過程中，企業就可以透過類似出租的方式，幫某些訂閱欄目做宣傳，然後向其收取一定金額的抽成。

3. 拓展電商業務

一些企業因為資訊資源豐富、營運時間長，而擁有大量流量，它們可以基於此，積極拓展新的獲利來源，這種做法雖然會影響使用者的觀感，但不失為一種拓展業務的有效方法，因為它能夠為使用者提供更多樣化的服務。

關於商業模式，在行銷界存在一種說法：與價格為 1 分或其他定價的產品相比，價格為 0 的產品通常有數倍的生產需求。例如，楊致遠與大衛・費羅（David Filo）在 1994 年創辦雅虎時，選擇向使用者免費開放平臺，透過收取廣告費用獲得收益，實現變現。從那時開始，免費型商業模式呈現爆炸式發展，這是楊致遠與費羅對商界做出的一項偉大的貢獻。他們不僅開啟了入口網站的新時代，也創造了更有價值的商業模式。

5.1.3
身處新時代，開放型商業模式受歡迎

這是一個追求共享與合作的時代，企業的商業模式也要跟隨時代變得更加開放。開放型商業模式適用於能夠與外部合作夥伴相互配合，從而讓自己的資源及技術發揮更大價值的企業。開放型商業模式與封閉型

商業模式有很大不同，如表 5-1 所示。

表 5-1 封閉型商業模式 VS 開放型商業模式

封閉型商業模式	開放型商業模式
讓處於本領域的人才為企業工作	企業需要和外部人才一起工作
為了從研發中獲益，企業必須自己設計、生產、銷售產品	外部的研發成果可以創造價值，企業內部的研發成果需要提升這種價值
如果企業掌握了領域內絕大多數最好的技術或者專利等資源，那就會贏	企業不必從頭開始工作，坐享其成即可
如果企業創造了領域內絕大多數最好的創意，那就會贏	如果企業能最充分地利用外部創意，那就會贏
企業需要控制自己的商業模式，避免競爭對手從中獲益	企業應該透過讓外部組織使用自己的商業模式來獲益。無論何時，只要外部組織的資源可以讓企業的獲利更豐厚，那麼企業就應該將其購買過來

開放型商業模式主要分為由外而內（企業嘗試引進外部提供的技術方案）、由內而外（企業向外部輸出處於閒置狀態的技術或資源等）兩種類別。

從賈伯斯時代開始，蘋果公司就傾向於封閉型商業模式，對軟體和硬體都很重視，希望可以掌控所有業務。亞馬遜的商業模式和蘋果公司的非常相似，亞馬遜依靠自身力量，實現對成本掌控和業務執行的效率與效果的最大化。例如，為了降低成本，亞馬遜不會將不重要的業務交給其他企業負責，而會自己開展這些業務。

與亞馬遜和蘋果公司不同，微軟採用開放型商業模式。微軟從創立初期就瞄準軟體領域，在很多時候會把硬體相關的業務外包出去。

　　寶僑公司和微軟一樣，都選擇開放型商業模式。由於擴張速度過快，寶僑公司的股價曾經持續下跌。時任寶僑公司高階管理人員的雷富禮（A. G. Lafley）臨危受命，成為新任 CEO。為了振興寶僑公司，雷富禮建立了一種新型文化，即透過建立策略夥伴關係，促進研發工作。

　　不到 7 年的時間，寶僑公司與外部合作夥伴聯合研發的產品數量，提升至研發總量的 50％，研發成本雖然略有增加，但生產率提高了85％。為了更能實現雷富禮的策略構想，寶僑公司還推出專門釋出企業所遇研發難題的網路平臺，由此將企業內部與外部的技術專家連線。若專家成功解決這些問題，就可以獲得相應的獎勵。

　　在採用開放型商業模式的企業中，葛蘭素史克（GSK，以研發為基礎的藥品和保健品企業）也是一個典型。

　　葛蘭素史克致力於提升貧困國家的藥物獲取率，為此，該企業將自己研發出的藥物，專利投入對外開放的專利池中，讓每一位研發人員都有機會參與藥物研發。另外，該企業主要依靠暢銷藥物獲得收益，久而久之就導致大量藥物專利被閒置。這些未被深入探索的藥物專利，被悉數投入專利池中，大大提升了相關藥物的研發速度。

　　採用開放型商業模式的企業，往往來自不同的行業和領域，它們彼此之間可能會提供更有價值的創意、技術、專利等資源。這樣可以縮短企業研發產品的時間，提高企業的研發效率。而且，企業允許外部組織使用自己的閒置資源，還可以藉此增加額外收入，投資者也可以從中獲利。

5.1.4
投資者的夢想：抓住那隻獨角獸

前面提到，我們團隊投資了一家融資屢屢碰壁的企業 Chime Bank，在本書撰寫期間，其估值已經高達 350 億美元。其之所以如此成功，主要是因為順應了美國金融領域的發展趨勢。

當前，美國金融領域的發展有兩大趨勢：一是產品和服務移動化；二是數位化。而 Chime Bank 的做法則順應了這兩大趨勢：一方面，它的產品和服務對使用者更友好，這主要展現在免除簽帳金融卡費用、提供更優質的網路服務等方面；另一方面，它實現了營運數位化，這既提高了 Chime Bank 營運效率，又降低了營運成本。

其實在 2013 年左右，這兩大趨勢並不明顯，也很少有人願意相信 Chime Bank 這樣一家純線上營運的銀行能夠存活下來。但事實是，在金融領域不斷發展和業務持續成長的過程中，Chime Bank 的估值飛速提升，尤其是在新冠肺炎疫情下，其價值進一步提升。

Chime Bank 對目標群體的選擇很巧妙，主要針對的是「千禧世代」（出生於 20 世紀時未成年，在跨入 21 世紀後達到成年年齡的一代人）。這些人普遍剛開始工作，收入比較穩定，對移動服務的接受度高。因此，Chime Bank 的服務為他們帶來很好的使用體驗。如果 Chime Bank 把自己視為銀行的替代品，只瞄準低收入人群，那麼其業務發展和獲利就不會那麼穩定。

Chime Bank 的案例展現創新企業的優勢。創新企業可以選擇特定的目標群體，而大企業則揹著「歷史的包袱」向前發展，對策略的調整和優化沒有創新企業那麼方便和靈活。這也展現了「大船難掉頭」的道理。

除了目標群體有優勢外，Chime Bank 還有一個「殺手鐧」，那就是為使用者開源節流，即為使用者省錢和賺錢。在為使用者省錢方面，它既不收取月費和海外交易手續費，也不設定開戶門檻。另外，美國傳統銀行簽帳金融卡的使用者，平均每年會被收取 250 美元的透支費，而 Chime Bank 則允許使用者免費透支 100 美元。

在為使用者賺錢方面，Chime Bank 的儲蓄帳戶利率相對較高。而且，它透過一系列功能，鼓勵使用者存錢，幫助使用者將每次消費的零頭，自動存到儲蓄帳戶中。例如，使用者買了一罐價格為 1.8 美元的可樂，Chime Bank 便會自動幫客戶存 0.2 美元到他的儲蓄帳戶中。使用者還可以選擇讓 Chime Bank 將自己月收入的 10% 自動轉存到儲蓄帳戶中。此外，Chime Bank 也允許使用者提前 2 天使用他們的薪資，這對缺少存款的年輕人來說，無疑是一項很有價值的功能。

Chime Bank 之所以可以為使用者減少開支、增加收益，主要是因為其將大量業務轉至線上，不用維持龐大的營業據點，從而減少了一部分營運費用。當然，豐元資本在對其投資時也看中了這一點。我不得不承認，其商業模式的確可圈可點。

在技術高度發達的時代，社會發展的一個重要趨勢是簡化。Chime Bank 透過技術，將傳統銀行中那些耗時、耗力的環節進一步簡化，讓使用者享受到更快捷、便利的服務以及新金融的紅利。

Chime Bank 在種子輪融資只獲得 275 萬美元，後來它於 2014 年、2016 年、2017 年、2018 年、2019 年和 2020 年分別進行了 6 輪融資。其中，E 輪融資一次便獲得 7 億美元，由 DST Global 領投，General Atlantic、Menlo Venture 等跟投。

近幾年，雖然 Chime Bank 搶盡鋒頭，但其實它在 B 輪融資前都表現得非常低調。它獲得真正的爆發式成長是在成立 4 年後。由此可見，除了優秀的商業模式外，創業者的耐心和毅力，對企業發展也至關重要，這些可以引領企業走向成功。

5.2
投資不看商業模式，大錯特錯

　　創業就像炒菜，創業者把各種資源和產品進行有效組合和加工，使其能夠為企業創造利潤。「炒菜」的方法，就是商業模式。事實上，很少有企業能一次就找到最佳的商業模式。即使優秀如 Google，其商業模式也是逐漸調整和完善到如今這種程度的。

　　商業模式與產品研發、生產、銷售、推廣、宣傳等環節息息相關，對專案落地和企業發展產生指導性作用。新時代的商業模式非常多樣，投資者要擦亮雙眼，在投資前進行謹慎分析與思考。

5.2.1
值得投資的商業模式是什麼樣子

　　我曾經無數次想過，一個值得投資的商業模式究竟是什麼樣子？我相信這個問題也同樣會出現在其他投資者的腦海中。根據我自己的認知和實踐經驗，我認為一個值得投資的商業模式，至少應該具備以下幾個特點。

　　❑ 使用門檻低。美國商界有一個名詞是 freemium（免費增值），即長
　　　時間為使用者提供免費服務，但其中一些先進的功能或虛擬貨品，

需要使用者付費使用。例如，Zoom 的基礎功能可以滿足大多數使用者的線上溝通需求，但在很多場景下，尤其是當商務會議時長超過 45 分鐘時，Zoom 就會開始收費。客戶關係管理系統 Salesforce 的做法也是一樣的。

☐ 訂閱模式要求使用者的黏著度非常高，且使用者的付費意願強。例如社交媒體透過搭建內容生態，吸引並留存大量活躍使用者，進而將這些使用者轉化為變現資源，讓企業和商家透過付費，甚至是競價的方式實現變現。

☐ 強調體驗。使用者願意為了體驗付費，因為從本質上來說，無論是工具、服務、內容，還是平臺，使用者購買的都是一種體驗，或者說是一種身分上的滿足。

☐ 平臺型和生態型商業模式比較難做、要求高，企業會面臨很多困難。但是，此類商業模式一旦成功發展起來，企業就會獲得巨大的收益。蘋果公司、Google、亞馬遜等都是這方面的經典案例。而且，在平臺型和生態型商業模式下，完整、循環的商業生態，將是企業的絕佳「護城河」。

有些企業為了標新立異，試圖創造一種全新的、更有價值的商業模式。這需要勇氣和犧牲精神，更需要遠見。

以前面提到的雅虎為例。1994 年，楊致遠和大衛·費羅創立了雅虎，楊致遠也因此被外界稱為「世紀網路第一人」。但和創立雅虎同樣重要的是，楊致遠還創造了一種基於網路的商業模式，即網站獲利全部來自於廣告，對使用者提供的服務全部免費。

通俗地說，雅虎的商業模式就像「羊毛出在豬身上」。這在如今看起來似乎天經地義，但在當時卻是一種開創性商業模式的變革。因為在雅虎出現前，使用者需要花錢才可以瀏覽和獲取各類資訊。所以，雅虎對廣大投資者來說，是很有吸引力的。

還有 Netflix，它乘著網路行業生態進一步完善的東風，顛覆了影片租賃市場。而且，它還透過使用者的影視清單，累積了大量數據，為現在十分火紅的影音串流（video streaming）業務，奠定了非常堅實的基礎。

提到值得投資的商業模式，我還想介紹一個概念 —— 眼球經濟。在發展過程中，雅虎主要根據有多少人瀏覽網站來衡量營運效果，而 Google 的衡量標準則是點閱率。從表面上來看，Google 的做法可能比雅虎更好一些，但在眼球經濟時代，點閱率也有造假的可能。

例如，有些企業為了超越競爭對手，會人為地刷點閱率。久而久之，一個新的商機出現了 —— 識別點閱率真假。我的合夥人在 Google 的工作內容之一，就是透過技術手法分辨人為刷出來的點閱率和真實的點閱率，保證數據的真實性和有效性。當然，這也是 Google 憑藉點閱率來獲利的商業模式的「命脈」。

5.2.2
商業模式聚焦，業務化繁為簡

很多企業在設計商業模式時，都喜歡將簡單的事複雜化，似乎商業模式越複雜，就意味著越完善，越能形成競爭壁壘。而一旦落入實踐

中，這些企業就會發現增加新業務非常容易，但想對紛繁複雜的業務進行刪減卻十分困難。企業要將資源聚焦到核心業務上，這樣才能讓自己在激烈的市場競爭中立於不敗之地。孟子云：「人有不為也，而後可以有為。」說的便是這個道理。

知道自己在某個階段可以不做什麼，企業才能將時間與精力聚焦在更重要的事情上。如果企業能夠化繁為簡，策略性地放棄不必要的業務，就能實現更有效、有序的運作。

德國超市奧樂齊（ALDI）就是將自身業務化繁為簡的傑出代表。奧樂齊的創始人開店的初衷只是為了滿足人們最基本的生存需求。奧樂齊與其他大型超市的經營理念有所不同，它放棄大多數品類，專注於經營食品及日常生活用品，且只經營少量、固定的品牌。這種經營模式幫助奧樂齊與很多信譽良好的供應商建立起互信的合作關係，大大降低進貨成本。

儘管規模在不斷擴張，但奧樂齊並沒有偏移經營重心，還在人員管理、產品包裝、行銷推廣等方面，節省了大量開支。例如，使用者在使用購物車時，需要繳納 25 美分的租金，當使用者將購物車退還原位後，租金也會直接退還。因此，奧樂齊不需要設定管理購物車的職位，節省了一部分人力成本。

這種想盡辦法節省成本、為使用者提供低價產品的經營理念，與零售高質低價的本質相契合。現在奧樂齊已經從一家小小的食品店，發展成世界馳名的連鎖超市，在全球範圍內擁有 1 萬多家分店，每年的銷售額都超過 700 億美元。

投資者在投資時可以看企業的商業模式是否足夠聚焦，以及能否將有限的資源集中用於攻克最重要的目標和問題。與此同時，投資者也要綜合考量企業內部的利益矛盾及外部環境的變化趨勢，分析現有商業模式是否能帶領企業走向更輝煌的未來。

5.2.3
瞄準高利潤區的企業是「寶藏」

很多中小型企業都會在營運方面存在這樣或那樣的問題，如管理流程混亂、內部分工不合理、產品開發效率低等。究其根本原因，就是企業沒有確立自身定位。如果企業能夠瞄準行業中的高利潤區，並以此為核心，設定策略方案及商業模式，那麼不僅能有效規避上述問題，還能在付出同等努力的情況下，為投資者帶來更高價值的報酬。

通常情況下，目標群體的價值越高，企業能獲得的利潤越多。因為目標群體的收入水準與消費理念往往會對其消費行為產生影響。優秀的企業會將目標群體分層，從高消費族群入手，將其需求和偏好與自己的產品或服務相結合。

一家沒有確立定位的設計類企業，可以為客戶提供海報設計、網頁設計、戶外廣告設計等服務。從表面上來看，這家企業似乎有很強的專業能力，可以同時涉獵很多方面。但實際上，它在海報設計、網頁設計等低利潤區投入過多，整體業績並不理想。

目前海報設計、網頁設計等市場相對飽和，而且收費水準不高，客戶對這兩項服務的價值感知不強。設計一張海報通常可以為設計類企業帶來大約 4,500 元的收益，設計一個網頁可以為其帶來大約 20,000 元的

收益。設計類企業之所以會面臨這樣的獲利困境，是因為在大多數客戶看來，海報與網頁的設計並不複雜，購買這項服務很難讓他們感覺物超所值。

但有趣的是，很多客戶十分願意為操作起來更簡單的 Logo 設計投入更多資金。對這些客戶來說，Logo 的意義更重大、使用範圍更廣、使用年限也更久。由此不難發現，Logo 設計就是設計行業的高利潤區，經營這項業務的設計類企業，值得投資者關注。

除了設計行業外，還有一些行業也存在高利潤區。例如，印表機的價格普遍不超過 100 美元，而需要重複新增的墨水，才是印表機生產商真正賺錢的業務；咖啡機本身不貴，但膠囊咖啡會為企業帶來巨大收益；主打炒菜機器人的企業，其預期的真正獲利點大多是炒菜料理包。將墨水、膠囊咖啡、炒菜料理包等優質、廉價、使用頻率高的硬體產品作為切入點來培養使用者，進而透過經常性收入獲得收益的商業模式，就很受投資者歡迎。

總的來看，由於各行業的投入產出比相差巨大，因此，選擇大於努力的情況比比皆是。即使在同一個行業，各細分領域也有較大的收入差距，究其原因，就在於各細分領域對應的利潤等級不同。因此，企業瞄準行業中的高利潤區，可以有效幫助自己減輕業務負擔，創造更多收益。

5.3
商業模式創新造就成長型企業

　　企業的商業模式決定了它能達到的高度和水準。時代在進步，企業的商業模式也不能始終一成不變。在新時代，投資者在投資時不能只分析商業模式的優劣，還要看企業對商業模式的創新程度，分析企業是否有更大的發展空間，以及是否能為自己創造更大價值。

5.3.1
鏈式結構挖掘企業的成長空間

　　鏈式結構分為價值鏈、使用者鏈、行業鏈，分別與資產閒置率、使用者流失率、利潤流向率對應，它們代表投資者看待業務的各類視角。在充分了解這三種鏈條後，投資者就可以判斷企業的商業模式是否科學、合理。

　　價值鏈從企業內部出發，以原料入庫為起點，以產品出庫為終點，是三種鏈條中最短的；使用者鏈從使用者出發，以使用者需求為起點，以使用者購買為終點；行業鏈從整體行業出發，以原料購入為起點，以使用者廢棄為終點，是三種鏈條中最長的。

　　價值鏈能夠幫助投資者發現企業內部的閒置資源。

　　航空企業的資產以飛機為主，是典型的重資產型企業，因此飛機的使用率將直接決定其獲利水準。若一家航空公司公布的營運數據顯示，2021 年第一季度，其平均客座率為 72.4％，日均飛行時長為 9 小時。將這兩個數據相乘，可以得到一架滿客狀態的飛機的有效飛行時間大約為 7 小時。從價值鏈角度出發，每架飛機的使用效率不足 30％。

　　當然，也許有人會從各方面論證有效飛行時長較短、客座率較低的合理性，但資源浪費情況總是客觀存在。這是投資者分析價值鏈的最大意義之一。在了解企業的真實運作情況後，投資者便可以判斷企業是否有資源閒置的情況，是否實現了各項資源的價值最大化。

　　使用者鏈可以幫助投資者分析使用者的潛在需求，其難點在於投資者無法忽略熟悉的思考邏輯，從而無法真正站在使用者的角度衡量產品及服務的效果。

　　傳統飯店一般透過電話接收使用者的訂房需求，等到使用者抵達後，再辦理登記入住。這種業務流程本身沒有什麼問題，但站在使用者的角度進行分析，就會發現大部分訂房需求都是從旅遊、探親、出差等需求延伸過來的。如果企業能夠從使用者的訂房需求中，了解到其存在的其他需求，並為其提供精準服務，那麼企業將獲得不錯的發展。例如，針對那些前來旅遊的使用者，企業可以從源頭出發，與旅行社、旅遊風景區進行合作，填補其服務空白。

　　行業鏈可以幫助投資者發現整個行業的利潤流向。例如，生產工業中間品的行業面臨非常激烈的競爭，因為它們的使用者對價格的敏感程度比較高，同時使用者交易頻率不固定、單次交易的資金流量大。當投

資者了解行業鏈後，就能看到其中被忽略的很多問題或新興環節，這也方便投資者提前進行策略布局，幫助企業快速搶占市場占有率。

　　某家具企業的主營業務是為飯店提供配套家具。大多數人會認為交付產品就是雙方合作的終點，其實不然，這家企業與飯店的合作完全可以持續到飯店倒閉為止。從行業鏈角度出發，企業可以為飯店的每個經營環節提供相應的配套服務，如以舊換新、定期保養等。

　　奢侈品牌也有完善的行業鏈。例如，一些奢侈品牌除了出售自己的主營產品外，還會出售附屬產品，如錶帶、包帶、掛飾等。當然，它們也會為使用者提供完整、優質的售後服務，從而憑藉這些服務獲得非常大的利潤空間，為投資者帶來更多報酬。

　　在上述三種鏈條中，從企業自身出發的價值鏈最簡單易行，投資者需要分析其資源配置情況。判斷發展趨勢的使用者鏈及行業鏈都需要投資者進行大量的試行與總結。當然，企業如果可以將三種鏈條打造成鏈式結構，形成價值鏈、使用者鏈和行業鏈的通路，便能挖掘出更大的價值空間。而對投資者來說，這樣的企業更有投資價值。

5.3.2
讓商業生態系統形成循環

　　受各種技術接連興起的影響，很多行業都發生了革新與顛覆，只不過程度不同而已。很多企業致力於打造商業生態系統循環，那麼，商業生態系統循環究竟是什麼？

貝佐斯推崇的「兩個披薩」原則，其背後的邏輯也是打造商業生態系統循環，旨在讓企業的所有員工都可以朝著相同的方向努力奮鬥。

隨著時代不斷發展，越來越多企業將打造商業生態系統循環作為自己的發展目標。但打造商業生態系統循環遠不止喊出一個口號那麼簡單，想獲得效果，企業還要考量具體情況。

微軟根據自身特點，打造了自我驅動型組織架構，建立商業生態系統循環。微軟將部門劃分為三大類：研發部門、全球市場與服務部門、基礎研究部門。這三大類部門有各自的職責和工作方式，可以形成一個能大幅提升價值的組織。

目前微軟建立的大多是規模小、多元化的團隊。即使是大型的專案組織，微軟也會將其劃分為若干個小團隊。在微軟內部，成員分工合作，共同完成專案開發工作。不同的成員在特定的技術或業務領域有專業技能，在統一的指導思想下，對策略目標負責。

所有小團隊會參與專案討論會，吸取前人的實踐經驗，共同經營專案，制定相關決策。從表面上來看，這樣的組織架構好像很鬆散，但實際上各部門都有自己的職責，可以自我驅動，尋找正確的發展方向。這是共同進化的生態，也是建立商業生態系統循環的關鍵點。

像微軟這樣成功打造商業生態系統循環的企業，既能夠適應時代發展、市場趨勢等多方面變化，又能幫助投資者實現邊際收益遞增。而且，商業生態系統循環還可以在維持各經營部門具有高度自主性的同時，將其無限細分化，並由此促進員工與企業之間的協同，形成動態的非線性平衡，最終讓企業和投資者獲益。

5.3.3
Netflix：緊跟時代的佼佼者

從本質上來說，商業模式是由經銷商、生產研發部門、供應商等各利益相關者組成的系統，它在一定程度上決定了企業的發展方向。我一直認為，在投資時，分析企業的商業模式至關重要。Netflix 的商業模式就值得投資者研究和分析。

Netflix 成立於 1997 年，是一家依靠租賃光碟起家的企業。相關數據顯示，截至 2021 年 11 月，其股價已經超過 650 美元，市值高達大約 2943 億美元，如圖 5-1 所示。

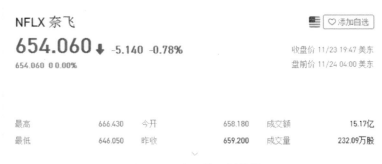

圖 5-1 Netflix 的股價數據

媒體大廠迪士尼的市值大約為 2,905 美元。這意味著，Netflix 的市值高於迪士尼，成為極具價值的媒體企業。那麼，究竟是什麼讓 Netflix 取得如此亮眼的成績？

第一，從 1997 年成立到現在的 20 多年裡，Netflix 牢牢掌握三個極為重要的轉捩點，而這裡所說的轉捩點是指新的市場態勢。當面臨新的市場態勢時，Netflix 會迅速為自己確定新的商業模式，並在此基礎上對業務進行調整。

1997 年，出於對成本和使用者體驗的考量，Netflix 提供包月訂閱服務，一步步替代了稱霸租賃光碟行業多年的百視達（Blockbuster）。

2006 年，網際網路發展方興未艾，Netflix 顛覆自己原有的商業模式，迅速搶占線上影片播放的藍海市場。

2011 年，為了擺脫對版權方的依賴，Netflix 決定對上下游企業進行垂直整合，憑藉自己的力量，創作高品質的影片內容。

2018 年，Netflix 開始追求綜合實力的提升，宣布將正式進軍新聞行業，帶給美國諸多媒體企業極大壓力。

2021 年，Netflix 進軍遊戲行業，但遊戲會被納入會員體系，不單獨收費，也不包含廣告，主要用於擴大 Netflix 為會員使用者提供的娛樂服務範圍。

從表面上看來，Netflix 進軍新聞行業和遊戲行業好像不符合邏輯，但事實並非如此。因為 Netflix 一直是串流媒體，更是串流媒體裡做得比較好的企業之一。Netflix 的每一項策略都以使用者為基礎，在這種情況下，既然其具備豐富的資源和強大的實力，那就應該盡力滿足使用者的需求。

此外，Netflix 作為串流媒體還有一個巨大優勢，那就是流量增加幾乎是沒有成本的，且上調的網路成本也都由營運商和使用者分攤了。

例如，之前因為網路中立原則 [005] 的存在，Netflix 不需要擔心營運商惡意控制網速而導致影片延遲（lag）、影響使用者觀看體驗的問題。後來，網路中立原則被廢除，Netflix 面臨影片載入緩慢、影片清晰度低等問題。

---

[005] 網路中立原則（Net Neutrality）由美國哥倫比亞大學媒體法律學教授吳修銘（Tim Wu）提出，要求網際網路服務提供商必須以同等標準對待來自各網站的所有內容。後來該原則被總結為五個要點：禁止營運商封鎖網站、禁止減慢載入速度、禁止為網路加速額外付費、增加服務數據透明度、嚴格監管無寬頻的無線網。

　　為了解決上述問題，Netflix 與 Comcast（康卡斯特，美國知名網路營運商）進行談判，商定給後者額外支付一筆費用以提高網速。協定達成後，Netflix 的影片載入速度陡增，這筆額外支付的費用，被分攤到使用者身上，使用者月費從 7.99 美元提高到 9.99 美元。

　　第二，Netflix 幾乎每個月都要為來自 40 多個國家的上千萬名會員推送超過 10 億小時的電影。而且，在美國所有高峰期網路流量中，Netflix 所占據的比例已經超過 33％。如此一來，Netflix 就可以獲得各式各樣的數據，進而實現大數據營運。

　　有了大數據營運的助力，再加上精確的演算法模型，Netflix 不僅可以為使用者（包括會員和非會員）提供更好的觀看體驗，還可以進一步提高串流媒體品質。另外，大數據也可以在內容傳遞網路造成一定作用。Netflix 有一個非常出色的內容傳遞平臺 —— 「開放連線」。該平臺的主要功能，是對與 Netflix 達成合作的 ISP（網際網路服務提供商）進行有效管理。ISP 有兩種方式可以享受到 Netflix 的服務：一種是透過公共網路交換機，直接連線到 Netflix 的伺服器；另一種是依靠代理。但無論是哪一種方式，都有利於縮短使用者與內容之間的網路距離。

　　第三，Netflix 沒有廣告。現在很多影音平臺都採取「會員免廣告」的模式。但實際上，為了獲得可觀的廣告費，這些平臺還是會使用「會員可在幾秒後關閉廣告」或「影片下方嵌入廣告」等形式進行廣告播放。Netflix 沒有這麼做，它既不進行廣告播放，也不做任何廣告植入，而只致力於改善自己的會員制度，爭取為廣大會員提供最優質的服務，創造最良好的觀看體驗。

　　第四，Netflix 不斷創新，時刻關注使用者的需求和痛點。從成立那一天開始，Netflix 就沒有停下創新的腳步，包括前面提到的商業模式

變革、大數據營運等,都是它進行創新的良好證明。如果沒有做到這一點,那麼 Netflix 也許早就已經被淘汰或被取代。

　　Netflix 從一個名不見經傳的小租賃商店,發展成一家規模非常大的媒體企業,這其中肯定有很多值得我們學習的寶貴經驗。而且,與其他媒體企業相比,Netflix 不僅多了幾分勇氣,還多了一絲果斷。面對各式各樣的嚴峻挑戰,Netflix 並沒有自暴自棄、自怨自艾,而是勇於冒險、不斷前行,最終探索出一條非常可行的道路。

　　企業進行商業模式設計是一個尋找並吸引使用者的過程,雖然這個過程不是特別複雜,但也不能一成不變。而事實也證明,隨著市場和發展趨勢不斷變化,企業的商業模式也要進行相應的調整。Netflix 開創了一種以「會員計費」為核心的商業模式,這種商業模式不僅成為其他主流影片平臺爭相模仿的對象,還顛覆了整個媒體行業的獲利模式。

第 6 章

企業團隊考察：優秀人才是寶貴資源

　　團隊在一個專案中發揮至關重要的作用，優秀的團隊會為企業帶來高效率且高品質的工作。所以，投資者在投資時要從「骨架」（組織架構）、「靈魂」（創始人）、「血脈」（核心管理者）、「皮肉」（下屬團隊）入手，對企業的團隊情況進行分析與了解。

6.1
「骨架」分析：考察組織架構

　　組織架構是企業的「骨架」，它會深刻影響企業的發展。組織架構展現組織中的各相關群體和關鍵節點是如何連線在一起的，其主要作用是保障團隊之間的通訊和合作。在考察企業的組織架構時，投資者應該關注職能架構、層級架構、部門劃分、職權架構等方面。

6.1.1
了解職能架構，決策更精準

　　職能架構是指各類工作之間的比例與關係。企業的正常發展，離不開各項工作的配合，這種配合在制度層面的表現就是職能架構。投資者在了解企業的組織架構時，首先要了解職能架構。以豐元資本為例，該企業根據投資、財務、風控、法務、行政、營運等多項職能劃分部門，各部門分別負責不同的工作，大家各司其職，共同推動企業營運與發展。

　　在豐元資本這樣的投資機構中，投資部門自然不可或缺，該部門需要完成專案篩選、談判溝通、盡職調查、投資決策制定等相關事宜；財務與風控部門需要對投資成本和預期收益進行核算，並維持其他各類費

用的正常支出，同時也要配合投資部門對擬投資企業的財務情況進行分析；法務部門需要對專案和基金運作中觸及的各類法律條款進行考核與調整，以保證公司利益不受損害；行政部門需要負責人力資源管理工作，保障員工充足，並使員工的薪酬得到基本保障；營運部門需要保證日常業務的正常營運，並負責企業對外宣傳和合作溝通等工作。

在投資時，投資者需要結合企業的性質，對其職能架構進行分析，確保其合理性、規範性和協調性。在分析職能架構時，投資者需要注意的因素包括職能冗餘與弱化、職能割裂與分散、職能交叉與錯位、職能分工過細、職能缺失等。

職能冗餘會讓職能的效用過多，而職能弱化則會讓職能的效用過低，這會對各項職能的價值展現造成影響，日積月累可能會讓企業面臨嚴重問題；職能割裂與分散會導致出現人心不齊、職能的效用與價值無法展現等情況；職能交叉與錯位很可能會讓原本正常執行的專案產生衝突，輕則影響工作進度，重則導致專案停滯不前；職能分工過細會浪費企業過多的人力、物力與財力；職能缺失在某些時期會讓某些問題無法得到妥善解決。這些由職能架構引發的弊端，一旦讓企業受到傷害和損失，那麼為後果買單的除了創業者外，還有投資者。

通常情況下，發展比較成熟的企業，更容易面臨以上幾個問題，而對初創企業來說，組建一支優秀的團隊才是重中之重。投資者要確保團隊內的每個成員都能在企業成長過程中做出獨一無二的貢獻。在矽谷，這樣的團隊通常被稱為「team of builders」（團隊建設）。

在公司創立之初，所有員工，包括 CEO，都要有自己獨特的能力對企業做出貢獻。例如，Youtube 的三位創始人都來自 PayPal，這三位創始人分別是：陳士駿，軟體工程師；查德‧賀利（Chad Hurley），Paypal 的

創始設計師；賈德・卡林姆（Jawed Karim），包括實時反詐騙系統在內的 Paypal 眾多核心系統的開發者之一。

在進行職能架構分析時，投資者一定要注意結合公司所處階段進行分析，投資者應該要有火眼金睛，能夠很快分辨出企業的職能架構是否合理。企業的職能架構會影響投資者對企業和創業者的評價，甚至會讓投資決策大相逕庭。

6.1.2
做層級架構分析，避免不當行為

層級架構是指管理層級的構成和管理者所管理的具體人數。根據企業的需求，管理層級通常可以分為以下三大類，如圖 6-1 所示。

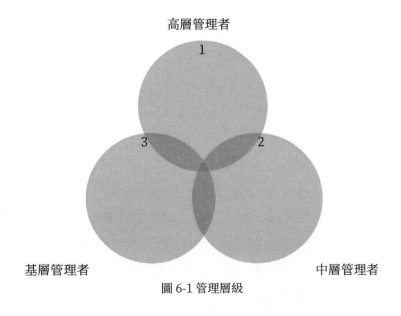

圖 6-1 管理層級

高層管理者負責引領企業發展的大方向，協調外部活動，任免且監督中層管理人員；中層管理者負責監督專案進度，並對專案的發展提出意見與建議，有糾正基層工作的義務；基層管理者負責一線管理，對生產活動、業務執行等進行直接管理，其下屬是員工。

一家中型金融企業的高層管理者、中層管理者、基層管理者的人數都有限。高層管理崗位設有總經理一位、副總經理一位、部長一位，他們負責制定企業的發展方向和每年的業務總目標，與企業的獲利和虧損有直接關係。

該企業的中層管理者是六位經理，每位經理根據需求管理自己的部門。他們聽從高層管理者的指示，將工作分派給基層管理者，帶領部門完成工作目標，為企業發展貢獻力量。基層管理崗位僅設有主管一職，主管監督並協調好員工的工作。

投資者要根據企業的實際情況進行管理層級分析。首先，投資者要注意企業管理層不能出現過於相似的職位，投資者還要稽核管理幅度和職權範圍的合理性；其次，要注意企業對工作和任務的分配情況，考察其做法是否能保障整體的協調性；最後，要特別關注各管理層級對管理工作的參與度，分析其權利與義務的分配情況。

6.1.3
部門劃分情況影響團隊合作性

部門的產生和構成，與企業的性質及需求有很大關係。工作一經細分，就需要按照其類別對員工進行分組，每組就是一個部門，部門之間需要相互協調，共同完成企業的總目標。

某金融企業根據自己的性質與需求，將部門劃分為記帳部、外勤部、市場推廣部、客服部、行政人事部、財務部等。

記帳部負責具體業務，如記帳業務、報稅業務等，記帳部是為該企業賺錢的部門；外勤部配合記帳部的工作，如企業註冊等，專門負責各項外出業務的辦理；市場推廣部主要負責對企業的業務和產品進行宣傳，包括線上宣傳和線下宣傳；客服部負責處理客戶的問題，提升客戶滿意度；行政人事部負責企業的員工招募、薪酬管理、員工關係維護等後勤事宜；財務部負責財務工作，核算專案的成本與利潤，管理日常開銷。

投資者在分析企業的部門劃分情況時，需要注意是否有部門缺失的現象，部門劃分是否需要調整和優化，企業是否做到權責分明。此外，投資者還要了解哪些部門和專業人士負責專案營運。如果沒有將這些問題了解清楚，那麼投資者很可能會吃虧。

6.1.4
職權架構要清晰，責任到人

職權架構是指各管理層級、各部門之間權利與責任的劃分及相互關係的確立。企業由不同的部門組成，每個部門又根據工作需求劃分管理層級與管理人數。每個管理者根據自己的職位特點，擁有不同的權利，並承擔相應的責任。

投資者要了解職能與職權的差別。職能是指職位的能力，而職權是各部門或者負責人擁有的權利。

　　某企業根據自身需求制定了以下的職權架構，該職權架構比較合理，投資者可以參考。

　　首先是最高管理層級 —— 創始人和董事長。在分析職權架構時，創始人和董事長的重要性不言而喻。他們的背景、經歷、處事風格及思考方式，在相當程度上會決定企業的基因、價值觀、定位和營運策略，進而對公司未來的發展與成敗產生長遠影響。

　　高層管理者包括總經理、副總經理、部長等，他們對企業進行管理。總經理和副總經理對企業發展和專案開拓進行整體規劃，承擔盈虧責任；部長負責管理企業的人員分配和專案運作情況，他對內部大小事情有明確的了解，和投資者一樣，可以得到利潤分紅。

　　中層管理者是經理。該企業將整體工作分為六個部分，並交給六個部門具體負責，每個部門配備一位經理管理所有事務，包括員工的工作分配、培訓效率的提升、工作業績的監督、升遷加薪人選的篩選等。經理將部門運作得好，會得到相應的獎勵，運作不佳也要承擔相應的責任。

　　基層管理者是主管，每個部門根據規模大小設定不同的主管人數。有些部門有四位主管，有些部門只有一位主管。他們都對具體的工作進行管理，主要負責新進人員的業務教導和老員工的監督與檢查，確保工作的整體品質與基本效率。

　　投資者需要對企業的性質有深入了解，分析部門的職權分配情況是否合理，還需要考量部門之間、管理層級之間的權利與義務是否對等。如果出現權利與義務不對等的情況，那麼員工會感到不公平、不公正，從而導致人心不齊和業務損失。合理、明確、對等的職權劃分，會提升企業的競爭力和員工的戰鬥力，也保障了專案的正常運作。

6.1.5
設計組織規模，可參考「兩個披薩」原則

　　組織的規模，即組織容納員工的數量。如果組織規模設計得不合理，那麼效率和執行力就會很低。關於如何設計組織規模這個問題，貝佐斯為亞馬遜制定了很好的解決方案。

　　貝佐斯將解決方案稱為「兩個披薩」原則，即一個組織的員工不能出現「兩個披薩」還不夠他們「吃」的情況。在管理亞馬遜時，他將「披薩」的數量視為衡量組織規模是否合理的標準。如果「兩個披薩」不足以讓一個組織「吃飽」，那麼這個組織就過於龐大了。組織過於龐大的結果往往是人云亦云，某些個體的獨特創意和想法很難突顯出來。

　　那麼，「兩個披薩」究竟可以讓多少員工「吃飽」呢？在美國，一個正常尺寸的披薩一般可以切成 8 塊，兩個披薩能讓 8～12 人吃飽，而 8～12 人正是一個團隊比較理想的人數。

　　有些企業覺得「人多好辦事」，於是便盲目擴大組織規模。但是，貝佐斯認為，大型團隊的規模大，員工之間很難深入交流，最終導致出現推諉塞責的現象。而如果企業可以找到能讓專案成功的關鍵人物，那麼就可以有效避免這種現象出現。

　　因此，管理者需要具備慧眼識珠的能力，將關鍵人物整合為一個團隊，盡可能地為其提供資源，從而促進專案順利發展。

　　在貝佐斯的領導下，亞馬遜基於「兩個披薩」原則建立了「兩個披薩團隊」，這與微軟按照產品部門劃分組織的做法，有一定的差異。在亞馬遜，「適度職責」是非常重要的，它有利於讓員工保持專注，且讓員工具

備一定的自治權，為部門的損益情況負責。

「兩個披薩團隊」的結構很簡單：一位主管、一些工程師、一位或兩位產品經理、一位產品設計師。這種模式讓亞馬遜保持比較強的敏捷度和創新性。此外，這種模式還有利於亞馬遜留住更多人才。因為「兩個披薩團隊」的主管相當於部門經理，其工作可以被一些年輕、有能力的下屬承擔。對有野心的年輕人來說，這是一件非常有吸引力的事。

在我看來，如果企業可以像亞馬遜這樣找到合適的辦法，將組織規模控制在合理的範圍內，確保各位員工有事可做、有權可分、有責能擔，那麼企業的發展就有很強的推動力。

6.2
「靈魂」分析：考察創始人

　　創始人是企業的核心人物，是整個團隊的「靈魂」，他通常對企業的各種情況瞭如指掌。提到創始人，我們第一時間想到的大概就是他創立的企業。

　　創始人在相當程度上決定了企業的文化、團隊氣氛、工作方式等，因此，投資者需要在投資前對他們進行考察。當然，投資者也沒有必要對創始人的所有事都表現出興趣，而只需要將考察重心放在職業履歷、從業經歷、夢想與情懷等方面即可。

　　投資者要明白，創始人也是普通人，幾乎不可能十全十美。如果把企業視為一臺機器，那麼投資者要尋找的，就是能夠讓機器高速運轉的操作人員，這樣的操作人員，可以用 integrity 來形容。

　　integrity 是一個很有意思的詞彙，有人將其翻譯成「正直、誠實」，而我更願意將其總結為「人品」。投資者應該做的，是從商業角度判斷創始人能否帶領企業創造更多價值。

6.2.1
創始人三要素：心寬、體壯、腦靈活

做了這麼多年的投資工作，我看過很多成功與失敗的案例，也結識過一些天才般的創始人。他們有的壯志豪情、魚躍龍門，也有的意氣風發，最終卻遺憾地黯然退場。那麼，究竟什麼樣的創始人更優秀、更值得投資者與其合作呢？

與很多投資者以為或猜想的不同，我覺得一些看起來平凡無奇的特點，可能在創始人的創業生涯中，會產生決定性的作用。在史丹佛大學的一次分享活動上，我把這些特點總結為七個字：心寬、體壯、腦靈活。

首先，創始人要心胸寬廣、待人以誠，更重要的是要有犧牲精神。一家企業從早期蹣跚起步，到最終成熟健壯、健康運作，整個過程非常不容易。此外，這個過程中涉及的利益、工作、責任等各種分配，也會觸及各方利益。如果創始人斤斤計較，那麼最終很可能導致團隊、股東、投資者等鬧得不歡而散，分崩離析。

所以，我一直堅信，真正優秀的創始人可以精明，但不能算計。這樣的創始人才可以打造出正向、積極的企業文化。創始人在紛爭的集中點，就像摩天大樓頂部的金屬桿，既可以「避雷」，也可能「引雷」。優秀的創始人必須當紛爭的消弭者，而不是激化者。正所謂「退一步海闊天空」，那些真正願意在紛爭無可避免時退一步、甚至默默承受委屈的創始人，才是真正優秀的領導者。

其次，創始人要有一個健康的身體。很多投資者可能會質疑，身體健康也是一個判斷標準嗎？我認為是。與大家看到的光鮮亮麗、意氣風發不同，創業其實是一項漫長而艱苦的工作。因此，創始人的身體一定

要健康、強壯，這樣才有精力堅持不懈地奮鬥在創業之路上。所以，我曾經戲說：「一位優秀的創始人，應該有『一碰到枕頭就睡』的睡眠品質。」

良好的睡眠就像電腦的重置程式，能幫助創始人快速恢復精力。而且，在進入睡眠前，腦海裡跑馬燈似的浮現畫面，能幫助創始人釐清投資思路。如果創始人經常失眠或者睡眠品質非常差，那麼可能是因為他的抗壓性比較差，而創始人的心理狀態會對創業之路產生影響。

最後，創始人必須有靈活的大腦。具體來說，創始人的兩個能力很重要：一是邏輯思維能力，二是抓住機遇的能力。如果把企業比喻為一臺電腦，那麼創始人就是這臺電腦的 CPU，他決定了企業運作的機制和方向。

6.2.2
履歷與從業經歷分析

履歷是創始人受到的教育和工作的經歷，它可以讓投資者迅速了解創始人。投資者首先要了解創始人的教育經歷和工作經歷。當然，如果創始人願意主動分享一些自己的其他資訊，那麼投資者也要認真聆聽和分析。

通常從創始人的履歷中，投資者可以了解其畢業院校、在校期間的各類成績、之前的工作經歷、共事者對其的評價等，但要注意分析資訊的準確度。例如，在與創始人會面時，投資者可以請其詳細講解曾經主導和負責過的工作，詢問其對工作的看法。

履歷可以讓投資者對創始人進行基本了解，而了解從業經歷就是對

其進行更深入的了解，是投資者「吃定心丸」的過程。投資者在投資時通常希望創始人有相關經驗，其實這和應徵員工是同樣道理。大部分企業部門都希望找一個有相關工作經驗的人，因為他們的優勢很明顯，可以迅速投入工作，不需要花費大量時間去熟悉業務。

綜合來看，與有相關工作經驗的創始人合作，是一個非常穩妥的選擇，但很多時候，沒有相關工作經驗的創始人思維更為活躍，更具顛覆性。也就是說，那些有能力卻不一定有相關工作經驗的創始人，很可能具有成為「黑馬」的潛質，甚至可能推動整個行業的進步與發展。

施密特（Eric Emerson Schmidt）雖然從來沒有管理過搜尋業務的企業，但自從被創始人賴利・佩吉（Lawrence Edward Page）和謝爾蓋・布林（Sergey Brin）邀請加入 Google 後，在 2001 ～ 2011 年擔任 CEO 的 10 年時間裡，他帶領 Google 由一個搜尋引擎成長為涉獵廣泛的科技大廠。他也被稱為「矽谷神話的締造者」。

施密特沒有相關工作經驗和其他經典案例可供參考，之所以能獲得這麼了不起的成績，更多的是因為他憑藉自己的能力，為 Google 進行科學、系統的判斷與規劃，從而進一步推動 Google 的發展與轉型更新。由此可見，創始人的能力是投資的關鍵，這也是「投資在於投人」的表現。

名校和名企出身，的確能夠在一定程度上證明創始人的能力。一方面，這些要求高、競爭相對激烈的地方，能夠幫助創始人獲得更好的培訓、更豐富的社交資源以及更高層次的行業認知；另一方面，在以史丹佛為代表的優質學校，和以 Google 為代表的高科技企業中，誕生了很多優秀的創始人和極具發展潛力的創業專案。

創始人的名校和名企業光環，不能成為投資者做出投資決策的唯一依據。正如我經常提到的一個概念 —— 上臺階 —— 即相比於有一個比較高的起點，投資者更應該關注創始人的過往經歷是否可以展現出他在不斷進步。

6.2.3
夢想與情懷是創業「加速器」

矽谷、甚至整個美國的投資者，經常會把 passion 掛在嘴邊，在英漢辭典裡，這個詞大概會被翻譯成「愛好、熱戀」。但我認為，如果一定要在漢語詞彙裡找一個最符合的定義，恐怕「夢想」或「情懷」才是最合適的。

「夢想」是一個十分常見的詞彙，代表一個人對未來的憧憬與希望。有夢想的人會為了實現自己的夢想而努力奮鬥。「情懷」是一種富有感情的心理狀態，也是一個人價值傾向的展現。人們常說「日有所思，夜有所夢」，其實也是夢想與情懷的一種表現。

夢想和情懷既是人生中的寶貴財富，也是投資者產生信任的重要原因。在投資者看來，為產品和企業全身心投入的創始人，既然可以把自己的夢想、情懷變成工作，那麼他也會把工作當成最享受的事業來做，何須擔心不成功呢？

近幾年，被越來越多的投資者提及的概念是 work-life balance，即工作和生活的平衡，這也是優秀的創始人應該有的狀態。當然，這並不意味著創始人不能休息，恰恰相反，適當的勞逸結合，才能讓工作效率實現最大化，就像弓弦不能一直緊繃，否則就會斷掉。

　　而且，很多有價值的想法與靈感，都是在輕鬆的狀態下，靈光乍現迸發出來的。這本書的主要內容，也是我在每天剛起床的清晨寫出來的。因為我發現，自己在早上會更加心無雜念，而且思維更活躍，這與在工作時擠時間寫出來的文章有天壤之別。

　　總之，為夢想、情懷而工作，與適當休息並不衝突。正是創始人的夢想，支撐其在艱難的創業之路上砥礪前行，是情懷使其在創業之路上精益求精，堅持研發產品。有夢想、有情懷的創始人，對投資者來說是十分有吸引力的，因為這類創始人對事業和產品往往有極高的追求，而這在後期都是可以幫助投資者獲得實際利益的。

6.2.4
聆聽創始人的故事

　　每個人都有屬於自己的故事，創始人當然也不例外。創業之路通常不會是一帆風順的，這條路上除了有成功外，還會有失敗，其中肯定包含了不少故事。很多人覺得這些故事不會對投資者做出理性的投資決策產生影響，其實不然。從創始人的故事中，投資者可以看出這個人身上一些內在的東西。例如，輝達（NVIDIA）創辦人黃仁勳的故事就很值得傾聽，其中囊括了很多經驗與教訓，可以提供給投資者一定的借鑑。

　　黃仁勳出生於 1963 年，後來跟著父母移居泰國。在他 9 歲時，父母將他與哥哥送到美國，他們和叔叔、阿姨一起生活。沒過多久，叔叔把他送進一所專門為問題少年建立的寄宿制學校。在學校裡，他每天都要打掃男廁所，還和其他孩子一樣爬牆、偷吃糖果。

　　黃仁勳的童年雖然不是那麼美好，卻讓他擁有了不服輸的個性和強大的環境適應能力。成年後，他和哥哥、父母團聚，並展露出非常不錯的乒乓球天賦。但因為沒有專注於眼前的事情，第一次參加乒乓球錦標賽的他，失敗了。

　　從此，黃仁勳不再散漫，將心思全部放在乒乓球上，終於在 15 歲時拿到了美國乒乓球公開賽的雙打第三名。這種對一件事情非常專注的態度，讓他在大學期間學到了很多有利於晶片研發的專業知識和技術經驗，為他日後在事業上開疆拓土奠定了基礎。

　　憑藉著不懈的努力，1993 年，黃仁勳與另外兩位合夥人共同創立了輝達，致力於打造獨一無二的特製晶片。1995 年，輝達釋出第一代 NV1 晶片。但該晶片的銷售情況並不理想，企業也因為缺少研發費用而瀕臨破產，被迫解僱大量員工。

　　後來黃仁勳不斷豐富自己的專業知識，累積實踐經驗，與團隊一起研發產品。終於在 1997 年，輝達釋出了第三代晶片 RIVA　128，該晶片很受消費者歡迎。此時的黃仁勳也找到了適合自己和輝達的發展道路。之後幾年，輝達不斷發展，成為全球知名的 GPU 製造公司。

　　在很多投資者眼中，黃仁勳是一個不折不扣的「工作狂」，始終對工作充滿熱情，有積極度。此外，他也有堅強、不服輸的特質，即使面臨輝達被行業踢出局的情況，他也不懷疑自己，相信暫時的困難會讓自己不斷成長。

　　從創立之初到現在，黃仁勳帶領輝達度過了瓶頸期，一直深耕於晶片領域。他始終在追求與眾不同，希望自己可以為晶片領域創造新價值。在輝達的發展過程中，他不僅分析自己，也分析競爭對手，在保持

自身優勢的同時，掌握競爭對手的弱點。這樣無論何時，輝達都可以處於市場核心地位，從而有更多時間和精力生產品質更高的產品。

在一次學生的畢業演講中，黃仁勳回憶說，正是輝達一開始的失敗，讓他能夠走到今天。他的堅強、勇敢、專注、不服輸，都是創始人身上非常難能可貴的特質，也是投資者希望在創始人身上看到的。因此，想充分了解一位創始人，投資者不妨從了解他的故事入手，從故事中發現其身上的亮點。

6.3
「血脈」分析：考察管理者

優秀的管理者能為企業帶來更豐厚的利潤，帶領團隊走上正確的發展道路。企業和團隊需要管理者們共同維護，依靠團結的力量，在激烈的競爭中站穩腳跟。

6.3.1
管理者各司其職，分工合作

管理者工作劃分就是管理者分工，即確立各管理者需要做的主要工作。管理企業是一項非常複雜的工作，其中包括很多方面的事務。為了避免所有重擔都壓在一個人身上，比較好的方法就是分工合作，將具體工作分配到不同的管理者身上，大家各司其職。這樣既可以提高工作效率，又能夠保證工作品質，維持各環節正常執行。

某企業的管理團隊就採用這種模式，各管理者做不同的工作，負責不同的領域。投資者經過調查和研究，發現該企業將管理團隊進行以下分工。

聯合創始人、副總裁 xxx，負責企業的影視和市場業務。

副總裁 xxx，負責娛樂方面的各項工作。

資深副總裁 ×××，主要負責企業內部管理工作。

首席帳務官 ×××，主管企業財務工作和投資業務。

高階副總裁 ×××，負責企業法律工作，維護企業的技術專利和智慧財產權。

副總裁 ×××，負責企業線上業務。

副總裁 ×××，負責企業線下業務。

聯合創始人、副總裁 ×××，負責產品研發與設計。

這樣的分工使各管理者的工作職責更加清晰，企業的執行效率、管理效率更高。與一些管理者身兼數職的企業相比，分工明確的企業更有優勢。面對一些規模比較大的企業，由於其管理者數量比較多，投資者沒有時間和精力了解所有管理者的職責，因此選擇負責核心業務的幾位管理者進行了解即可。

6.3.2
管理者的能力與優勢分析必不可少

管理者往往在企業中發揮中流砥柱的作用。例如，當員工在工作過程中有諸多不滿、提出大量意見時，管理者就應該積極處理。

管理者處理問題的過程往往能展現其能力的高低。優秀的管理者可以好好解決員工提出的問題，使各利益相關者都對處理結果感到滿意。每個管理者都有自己直接管轄的團隊，其自身優勢會對其領導的團隊產生深刻影響。不同的管理者適合不同的團隊，管理者在適合自己的職位上發揮優勢，能對企業發展做出更大的貢獻。

投資者要了解管理者的能力，確認其優勢所在，但不需要對所有管理者的能力與優勢進行分析，以免無暇顧及其他更重要的部分，只需選擇幾個能力和優勢比較明顯的管理者進行分析即可，並判斷他們是否在最合適的職位上。

6.3.3
綜合素養：個人格局與彼此配合

核心管理者身為領導員工發展、指引企業方向的關鍵人物，要有格局，即可以站在策略高度上思考問題。例如，馬斯克擁有超越常人的策略眼光，能夠認清時勢，掌握時代「脈搏」，果斷進入當時在全球範圍內沒有很多成功案例的火星探索領域。投資者應該率先與這樣的管理者合作。除了看個人格局外，我在考察企業的管理者時，還會看各管理者之間的配合情況，或者說看他們彼此之間的「化學反應」。一個優秀的管理團隊管理者，應該是彼此支持、相互友愛的。

簡單地說，就是所有管理者都應該有一個共同的目標，並願意為這個目標而努力，否則很容易發生衝突。我曾經就遇到過管理者分道揚鑣的事情。

有一次，我和兩個非常年輕、聰明的管理者聊天。但我發現，他們兩人經常在同一個問題上互相反駁，而且其中一個人的身體隱隱側向離另一個人更遠的方向。也就是說，肢體語言顯示他們兩人並不是彼此完全信任的。再考量專案的具體情況，我沒有選擇投資。大概過了一年，就證明我的判斷是正確的，他們兩人的確先後分別負責新的創業專案。

　　另外，我還持有一個很重要的觀點：一位優秀的管理者，並不一定是創始人。

　　賈伯斯在第一次成為蘋果的 CEO 時，雖然公司發展得不錯，但發展空間比較有限。在經歷過離職風波，再次回到蘋果公司擔任 CEO 時，他手裡已經沒有什麼股權了。雖然只是身為一個純粹的管理者加入公司，但他卻讓蘋果公司實現了第一次飛躍。

　　而蘋果公司實現的第二次飛躍，則得益於現在的 CEO 庫克（Timothy Donald Cook）。他身為「偉大的守成者」，讓蘋果公司的市值從 2011 年 9 月的 4,000 億美元，上升到 2022 年約 2.5 兆美元，並成功地將蘋果公司打造成一個更龐大、具有獨特風格的商業大廠。

　　從賈伯斯到庫克，我看見的是管理者對企業造成的深刻影響。值得一提的是，賈伯斯對接班人的準確選擇也產生非常重要的作用。蘋果公司資深分析師吉恩‧蒙斯特（Gene Munster）曾給出這樣的評價：「培養庫克作為繼承人，是賈伯斯最偉大的成就之一。」

6.4
「皮肉」分析：考察下屬團隊

人才是寶貴資源，努力工作的人才更是企業的財富。他們身為「皮肉」，讓企業成為有保障的組織，他們的整體情況也與企業的發展息息相關。但企業的員工往往數量眾多，投資者很難全方面對其進行了解。此時投資者就需要進行取捨，有選擇性地考察企業團隊，如考察其管理模式與人力資源管理情況、特別考察某一類員工等。

6.4.1
管理模式出色，團隊更強

近幾年的管理實踐證明，團隊管理模式出色的企業，往往有巨大潛力。投資者要分析企業目前採用的管理模式是否合理，是否與其實際情況相匹配。常見的管理模式有以下幾種。

- 分權管理。管理者不必對所有工作親力親為，而是把一些已經確定的工作交給下屬完成，讓下屬有獨立工作的機會。這種模式對上下兩層級都有好處，且有利於推動企業發展。
- 漫步管理。漫步管理就是管理者經常在下屬的工作地點「漫步」，目的是深入基層，在第一時間獲取資訊，如員工的意見與不滿、企

業在發展過程中存在的問題等。

□ 目標管理。管理者為下屬制定明確的目標，下屬為達到目標而努力。這樣管理者可以定期或不定期檢查目標完成的情況，從而提高下屬的工作積極度。

□ 例外管理。只有當出現例外情況時，管理者才行使決策權，而其他事務則交給下屬進行決策。這是一種能夠提高下屬工作意願的模式。

□ 系統管理。當一個問題出現時，管理者需要判斷這個問題是意外偶發的，還是管理不當導致的。同樣的問題，出現一次可能是意外，難以避免；出現第二次，可能是員工出現問題或工作安排欠妥；但如果出現三次或以上，那就說明管理系統與組織架構不合理，管理者需要對其進行修改和優化。

□ 人群管理。管理者要對重要員工進行特別管理。重要員工為企業貢獻 80％ 的價值。正如我曾聽過的一個很有爭議的說法：「在企業中，人不是最寶貴的，優秀的人才是最寶貴的。」這個說法雖然比較片面，但也有一定的道理。

管理模式對整個團隊的工作情況有很大的影響，選擇合適的管理模式，可以讓團隊更好地完成工作，使工作效率最大化。此外，管理模式也和團隊的執行力息息相關。

多年前，我和現在任職於 Visa（美國的信用卡品牌）的好友鄭博士聊天。還在微軟工作時，他是 CEO 薩蒂亞・納德拉（Satya Nadella）的直接下屬。

鄭博士曾經跟我說，他在微軟學到最重要的一句話，是「It's important to make right decisions，but it's also important to make decisions right.」這是一句非常有深意的話，大意為：「做出正確的決策很重要，但使做出的決策正確，同樣重要。」

這句話的內涵是：在決策層面，不要期望自己的每個決策都是正確的，要著眼於執行層面，盡可能地用實際行動完善每個決策。而且，在管理過程中，企業不應該圍於已經發生的事實，而應該致力於把未來的事做好。我非常贊同這句話。如果將這句話加以引申，我願意把它解釋為：讓團隊有極致的執行力，是一項很偉大的管理成就。

納德拉接手微軟時，微軟的市值不足 3,000 億美元，截至 2021 年 12 月 10 日，其市值已經超過 2.5 兆美元，如圖 6-2 所示。當時，他對微軟的很多職能進行調整，強調企業文化，還請員工不要互相指責，而應該齊心協力、精誠合作，從而提高執行力。在很多投資者都認為其開始走下坡時，納德拉使微軟創造新的輝煌。

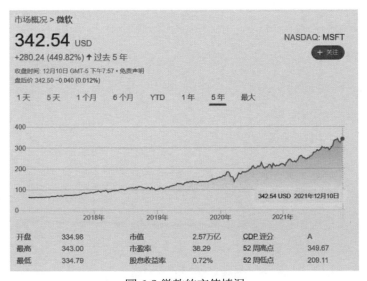

圖 6-2 微軟的市值情況

除了重視執行力提升外，管理者還要勇於授權，多培養一些可以解決問題的員工，而不要培養喋喋不休的抱怨者。我曾接觸過一個團隊，他們一直在提出各式各樣的問題，卻沒有人可以給我一個明確的解決辦法。這就難以說服我給予他們資金支持。

無論是管理者，還是員工，大家都可以抱怨，也可以看到問題。但是，只有想辦法解決問題的人，才是對企業更有價值的人。

管理模式在相當程度上會影響員工的工作情況，也和員工能否形成解決問題的能力息息相關。因此，投資者應該對企業的管理模式進行分析，掌握員工的工作情況，一旦發現管理模式不適合企業或存在較大問題，就可以及時抽身，避免自己承擔過高的投資風險。當然，如果發現企業的管理模式出色，那麼投資者也不能錯過機會。

6.4.2
掌握企業的人力資源管理情況

人力資源管理是企業依據經營活動和發展計畫，對人力資源進行規劃和調配的活動，其核心是依靠合理、科學的方式，使企業的人力資源達到最佳狀態。現在人力資源管理已經不止是人力資源部門的職責，也是所有員工的共同責任。對規模比較大的企業來說，人力資源管理更是其營運過程中不可或缺的一環。

但傳統的人力資源管理理念已經不適應現代企業的發展。企業必須積極改革創新，實現對人力資源的有效管理，這樣才能提升自己在市場上的競爭力。

投資者要分析企業的人力資源管理措施，分析企業是否已經實現人

力資源管理的最優化。例如，企業要有合理的獎懲制度，獎勵和懲罰不能過重或過輕；要有完善的考核措施，定期對員工進行考核。

全球知名的「獨角獸」企業為什麼能脫穎而出？一個很重要的原因，就是它們重視人力資源管理，捨得為優秀人才付出。

在早期階段，Google 的一些高層管理者，就已經知道它未來會發展成一家極具成長潛力的企業。但即便如此，他們也會有意地控制員工選擇權所對應的估值漲幅，避免選擇權價格變化過大。雖然這種行為讓 Google 做出很大的犧牲，但有利於提高團隊的穩定性，確保員工薪酬的分配公平，從而為企業的長期穩定發展，奠定堅實的基礎。

人力資源管理的重要性，使它成為投資者作出投資決策的其中一個依據。投資者要提前了解企業的人力資源管理情況，分析企業的應徵計畫、獎懲制度、考核制度、人才策略、激勵制度、薪資結構、績效考核標準等。表 6-1 是企業的應徵計劃範例。

表 6-1 應徵計畫範例

序號	部門	職位	所需人數
1	市場部	市場推廣人員	
2	設計部	設計師	
3	銷售部	銷售經理	
4	項目部	項目經理	

5	結構部	項目總監	
		結構總監	
		結構工程師	
6	軟體部	軟體維護人員	
		軟體總監	
		軟體設計工程師	
		軟體經理	
		軟體開發人員	

　　投資者可以透過應徵計畫，了解企業未來引進人才的情況，並基於此，對企業的發展趨勢進行判斷，還可以透過獎懲制度和薪資結構，了解員工目前的工作情況。至於具體了解哪個方面，投資者可以根據自己的需求和企業的實際情況進行選擇。

6.4.3
特別評估某一類員工

　　管理者的能力對企業發展的影響很大，這是毋庸置疑的。但即使管理者的能力很強，專業知識儲備豐富，也不可能單槍匹馬地支撐起一家企業。這時員工對企業的重要性就突顯了出來。精明、能幹的員工，可以提高企業的效益，幫助管理者圓滿地完成經營目標。

　　做好管理工作，需要管理者挖掘出真正有能力的員工，了解員工在哪些方面有特長和優勢，並讓員工充分發揮這些特長和優勢。這是管理者對下屬的正確態度，也是企業控制人力成本的絕佳方法。

在管理員工時，真正優秀的企業，應該能夠讓員工找到最適合自己的位置，從而挖掘出他們身上更大的價值。對企業和員工來說，這是一種雙贏的做法。例如，在以 Google、Facebook 為代表的一些網路企業中，員工可以選擇自己感興趣的專案。所以，各專案負責人都會使出渾身解數，讓自己的專案更有價值、更有吸引力，以便吸引有能力的員工加入。

每家企業培養、管理員工的方法和方向都是不同的，這也導致團隊的特徵各不相同。出於對投資週期的考量，投資者需要對某一類特徵突出的員工進行評估。例如：忠誠、自覺、上進、敬業、責任感強等特質，對員工和企業的發展非常關鍵。具備這些特質的員工，更能為企業工作，更出色地完成任務，從而為企業帶來更豐厚的收益。

投資者還應該衡量管理者與員工相處模式的好壞。有個簡單的方法，就是看員工是否主動往前衝，管理者是否在適當往回拉（員工被激勵，主動努力工作，但管理者希望員工保持冷靜、多思考）。如果管理者在催著員工往前衝（員工缺乏工作積極度或沒有發揮個人能力的空間），那就說明管理存在問題，企業很難有大的發展。

第 7 章
目標使用者研究：投資獲利的強大力量

　　亞馬遜前財務長司庫塔（Thomas Szkutak）曾經表示，使用者至上是亞馬遜為投資者創造持久價值的關鍵途徑之一。使用者的重要性決定投資者在投資時要分析使用者，了解企業是如何吸引和經營使用者的。

　　在技術高度發達的時代，為使用者賦予能量已經成為企業必備的一種能力。這代表企業有能力和使用者進行情感溝通，可以認真對待與使用者相關的每一件簡單的事。我認為，企業要在懂自己的人群中「散步」，這是衡量其有無發展潛力的重要標準。

7.1
了解被投企業的目標使用者

如果投資者不了解企業的目標使用者，那麼他很可能會誤入歧途，投資產品賣不出去、商業模式不合理、獲利能力差，甚至最後「關門大吉」的企業。企業不重視使用者，或沒有好好經營使用者，那就意味著企業很可能面臨成交困難、銷售業績差的困境。試想，投資者如果投資這樣的企業，會獲得很高的報酬嗎？答案顯而易見。

7.1.1
使用者有需求，產品才受歡迎

矽谷著名投資者馬克·安德里森（Marc Andreessen）提出的「產品市場匹配度」（product market fit，PMF）模型非常受歡迎，其主要是指「在一個好的市場中，推出一個最小化可行性產品去迎合這個市場」。換句話說，市場上有各式各樣的產品，也有各式各樣的需求，而這兩者重合的地方，就是那些滿足使用者需求的、最小化可行性的產品，即最受使用者歡迎的產品。

那麼，什麼樣的產品符合 PMF 模型的要求，可以滿足使用者的需求呢？使用者對一款產品的需求，通常來自兩個方面：一是從自身角度出

發的需求；二是因為產品提供的價值而衍生的需求。

第一個方面的需求比較容易理解。

以特效藥為例，針對癌症的特效藥，平均僅能幫助病人延長 3 ～ 6 個月的壽命，但很多病人還是願意花非常高的價格來購買。根據美國醫學雜誌的統計，超過 42％的病人會在確診癌症的 2 年內，將全部積蓄用於癌症治療。

我曾經投資一家「獨角獸」企業 Rippling，它主營 HR 管理系統。由於使用者很難脫離這個系統而工作，因此 Rippling 的使用者穩定性、黏著度都很高，每年為其帶來豐厚收入。這就是一家非常優質的企業，我當時很痛快地就決定為其注資。

另一個方面的需求，是因產品提供良好的價值而衍生的需求。投資界存在一種觀點：一款新產品能夠產生高於市面上現有產品 10 倍以上的效果，這樣，才能算顛覆性創新，才能讓使用者無視更換產品的成本、接受新產品，甚至創造一個更有吸引力的新市場。

資訊管理軟體及服務供應商 Oracle 當年有一個非常經典的廣告，其核心內容就是表示自己的產品比 IBM 的好 20 倍以上。雖然 Oracle 的產品未必真的能達到這種效果，但從市場宣傳角度而言，其廣告效果非常好，成功激起很多使用者更換產品的欲望。

在企業發展的過程中，創業者對使用者的需求進行挖掘和判斷十分重要。但應該注意的是，有時使用者自以為的需求，其實不一定是真正的需求。

以特斯拉為例，早期的電動車都設計得比較差，但特斯拉卻反其道而行，用精緻、高質感的設計，滿足使用者感官上的需求。例如，特斯拉曾推出電動跑車 Roadster，該跑車不僅效能好，還極具設計感，外觀看起來非常時尚，可以彰顯使用者的個性。

而且，駕駛特斯拉生產的汽車，可以展現車主的環保意識，這是對重視環保的呼籲和宣傳。所以，很多車主選擇特斯拉其實是在展示一種主張，而他們自己可能並沒有意識到這一點。

此外，投資者也要重視產品提供的價值，這個價值能夠在使用者心裡放大或縮小多少，非常關鍵。例如，減肥產品可以直接連結體重這個標準量化的數字，讓使用者對其價值的判斷更直觀、清晰，從而帶給生產此類產品的企業巨大商機。

但是，一些促進睡眠的藥物和輔助食品，其價值卻讓使用者無從判斷。因為影響睡眠的因素太多了，即使使用者的睡眠品質的確提升，他們也很難判斷睡眠情況的改善是因為產品，還是因為其他因素，如睡前沒喝咖啡、白天工作太累等。

那麼，這是不是意味著促進睡眠的藥物和輔助食品無法占領市場了？答案是否定的。此類產品可以藉助行銷策略吸引使用者的注意力，幫助使用者找到自身的需求。

某保健品牌依靠「轟炸式廣告」模式，瞄準為老年人送禮這個場景，讓子女們意識到可以為父母送保健品當禮物，從而推動了產品銷售，造就一個很有影響力的保健品牌。這個品牌發現很多老年人都很想買保健產品，但又捨不得花錢。在這種情況下，想為父母盡孝道的兒女，就成

為出這份錢的合適人選。於是他們將保健品的目標群體定位為送禮的人，並設計出有「洗腦」功能的廣告語。

透過上述行銷策略，這個保健品牌一度成為人們廣泛討論的話題，獲得非常不錯的市場效果，也為其他企業提供了新的行銷思路。

7.1.2
了解使用者數量，衡量使用者潛力

一款產品的適用性越廣，使用者數量越大，企業越能以更低的成本獲取更高的收益。創業與投資，尤其是 C 端的創業與投資，最重要的就是看產品在使用者數量上的潛力和想像空間。

大概在 2000 年，我還在一家美國企業做數據庫管理的工作。因為負責這項工作的只有我一個人，沒有其他人可以和我討論相關問題，所以我最常使用的工具是 Google。

當時的 Google 和現在的完全不同，它的搜尋功能幾乎只有「技術人員」和「極客」（美國俚語 geek 的音譯，形容對技術有狂熱興趣並願意投入時間鑽研的人）才會使用，而且還有一定的使用門檻。因此，Google 當時被認為是只有少部分人才會使用的產品。

但後來，Google 的搜尋功能不斷完善，使用門檻也逐漸消失，使用者數量就隨之出現了爆炸式成長。恐怕當時使用 Google 的極客們，不會預料到當年的一款小眾產品，在 20 多年後，竟然發展成搜尋領域的「巨無霸」。

　　與個人使用者相比，公司級使用者的價值高得多。如果一款產品能夠讓使用者的工作效率大幅提升，那麼即使其使用者數量有限，也可以獲得比較理想的收入。

　　例如，有些 SaaS（Software as a Service，軟體即服務）企業，其產品的使用者數量雖然沒有那麼大，但客單價很高，而且都是經常性收入（在未來很長一段時間內不會發生重大變化的收入，如年費等），獲利非常豐厚。

　　而這些產品之所以可以定價高，主要是因為業務關鍵性。也就是說，投資者是否應該為企業投資，要看企業的產品在使用者的業務中有多麼關鍵。只要產品對使用者來說非常關鍵，是必不可少的，那麼即使使用者數量不大，這個產品也會存在巨大的市場需求，從而為企業和投資者帶來更多收入。

　　在我曾經投資的企業中，有一家企業叫 Webflow。我當時的投資邏輯並不複雜，就是認為在數位化趨勢下，未來大部分人都會有搭建網站的需求。但是，因為程式設計的門檻往往比較高，所以無程式碼是未來的一個重要發展方向。

　　Webflow 面對的是 to C 領域的一個使用者數量比較大的理想市場。雖然已經有很多企業在從事相關產品的開發工作，Webflow 並不是第一家，但我認為 Webflow 做得更好，發展潛力更大。因此我覺得應該對其進行投資。

　　當年我參與創立的基金對 Zoom 的投資，也是基於這樣的判斷。作為一個比較成功的案例，從投資到退出，Zoom 的估值成長了超過 5,000 倍。其實當年 Google、微軟、雅虎等大廠都在影片軟體領域布局，儘管它們提供的服務是免費的，但使用者體驗都不夠好，因為使用者在使用

它們的服務時，既浪費時間，又無法便捷地操作。而 Zoom 的願景是讓任何人（非技術人員）都能便捷地參加線上會議。它的目標群體覆蓋了大量個人使用者，因而有很大的想像空間。

綜合來看，to C 更強調客戶數量帶來的收入成長，而 to B 則更關注客單價及業務關鍵性對收入的影響。投資者在投資時應該認清這一點，不要做出讓自己後悔的決定。

7.1.3
購買行為與購買決策分析

購買行為主要是指使用者在消費過程中的活動、反應的總和。不同的使用者有不同的需求和消費動機，性格也有很大差別，所以他們在消費過程中的表現有所差異。西方市場學家把使用者的購買行為總結為「5W1H」，投資者對此進行分析，有利於優化投資決策。

「5W1H」包括購買什麼（what）、由誰購買（who）、為什麼購買（why）、何時購買（when）、在何處購買（where）、如何購買（how）。使用者的購買行為一般由需求決定，投資者研究使用者需求，有利於確定企業的產品組合是否正確，產品是否適當。

使用者的購買行為是複雜的。無論是購買行為的產生，還是使用者拒絕接受產品，企業都很難精準預測。

例如，美國有一個很有意思的現象：經濟越蕭條，電影院的收入越好。因為經濟蕭條時，人們的工作沒有那麼忙，儘管收入下降，但人們仍需要一些娛樂活動來舒緩心情，所以選擇花費不多又非常方便的看電影作為娛樂活動。

　　另外，大家要知道，使用者的購買行為通常是隨著社會現象的變化而變化的，所以，企業的反應速度和適應能力就顯得非常關鍵。

　　新冠肺炎疫情期間，紐約政府選擇 Zoom 作為線上教學的官方軟體，但當政府發現 Zoom 有資訊洩露的隱患後，微軟的團隊迅速抓住機會，代替 Zoom 成為政府授權的公立學校教學軟體，快速奪取了紐約市場。

　　隨著研究者對購買行為的分析持續深入，「刺激—反應」理論應運而生。從使用者對各種不同的「刺激」（如價格、銷售場所、行銷活動等）產生的「反應」中，投資者可以推斷使用者產生購買行為的動機，從而考察使用者對行銷策略的反應，這對投資的成敗至關重要。

　　購買決策會受到購買行為的影響，其分析過程如圖 7-1 所示。

圖 7-1 購買決策分析過程

1. 確認需求是做出購買決策的起點。使用者做出購買決策時，實際狀態和期望狀態之間會存在一定的差異。使用者對需求的輕重緩急進行衡量後，在經濟條件許可的情況下，才可以確認需求。

2. 資訊蒐集，包括蒐集個人資訊、商業資訊、大眾資訊。其中，個人資訊通常來自於家庭、親友、鄰居、同事等；商業資訊來自於廣告、包裝、品牌官網、銷售人員等；大眾資訊來自於社交媒體、使用者組織、各類線上與線下活動等。

3. 評估選擇，即使用者會根據相關因素權衡產品的利弊，以此來實現購買和使用產品的效益最大化。投資者也應該從使用者的角度出發，分析產品的利弊。

4. 購買決策，其與消費欲望、產品實際情況、行銷策略、其他人的態度、外部環境等因素息息相關。投資者要分析企業是否具備促使使用者做出正向購買決策的條件。例如，企業的廣告如果可以精準地針對目標群體進行投放，那麼產品的銷售業績可能會更好。

5. 購後行為，包括使用者對產品和服務的滿意度，以及使用者會如何使用與處置產品。這個環節與再次購買掛鉤，可以幫助投資者了解使用者再次購買產品的可能性。

綜合來看，購買決策分析過程應該是一個循環，即讓購後行為進一步回饋到確認需求上。

對亞馬遜平臺的商家來說，它們面臨的一個劣勢，就是缺乏數據與使用者回饋。一旦商家出現刷單行為（以作假方式提高銷售量及評價），被亞馬遜禁止、封鎖後，商家就無法了解使用者的購後行為。而購後行為是決定購買決策分析能否形成循環的重要環節，因此，一旦商家無法

了解使用者的購後行為，也就無法完成購買決策分析，最終可能導致整個銷售鏈崩潰，商家遭受巨大損失。

投資者透過對購買行為與購買決策進行分析，可以了解使用者購買產品的可能性，推斷產品的銷售業績。將購買行為與購買決策分析得越全面、越科學，其在投資過程中產生的效果就越顯著。

7.2
評估目標使用者，要看兩大數據

　　投資者想要精準地評估目標使用者不是一件容易的事。這件事之所以不容易，是因為缺乏相關標準和有效方法。在這種情況下，為了好好評估目標使用者，做出有利於自己的決策，投資者應該從數據入手，讓數據「說話」。這裡的數據主要包括使用者成長趨勢、活躍、留存、流失使用者的數量。

7.2.1
使用者成長趨勢

　　全球知名雜誌《哈佛商業評論》（*Harvard Business Review*）中的相關內容顯示，現在每家企業都需要一位使用者成長經理。以 Pinterest 為代表的知名企業，都因為組建了使用者成長團隊而獲得成功；祖克柏在回顧 Facebook 的發展歷史時，曾深有感觸地說「使用者成長團隊是我們企業的一項重要發明」；可口可樂公司曾經宣布設立全新的首席使用者成長官，以代替之前的首席行銷官……

　　在上述企業的帶動下，很多企業紛紛仿效，掀起一股設立使用者成長職位的浪潮。就連國際行銷和市場執行委員會（Sales & Marketing Executives International，SMEI）也在全球範圍內制定了使用者成長專家的認證計畫。

這一切都在揭示一個道理：使用者成長對企業的持續發展是非常重要的。

無論其設計多麼出色，產品都是工具和媒介，必須有人去使用，否則它將沒有任何價值。在這種情況下，了解使用者成長趨勢就成為所有投資者在投資前必須開展的工作。使用者成長趨勢與新增使用者的數量息息相關。

新增使用者通常分為兩種：一種是純粹的新增使用者，即從未使用過產品的使用者；另一種是之前使用過產品，後來因為某些原因放棄使用，但企業仍然保留其數據的使用者。這部分使用者很可能會因為參加企業的行銷、推廣、優惠等活動，而重新回到企業的「懷抱」。

很多人可能聽說過 Google 的信箱 Gmail，卻不知道它有多受歡迎。在全球範圍內，目前大約有 30 多億人註冊了 Gmail 帳戶。這 30 多億人意味著 Gmail 的使用者量，在過去幾年的時間裡，成長了 50％以上（2018 年的數據是大約有 15 億人註冊 Gmail 帳戶）。

Gmail 之所以如此受歡迎，可以從其他競爭對手中脫穎而出，成功實現奇蹟般的成長，原因之一就在於其儲存空間從一開始就比其他信箱更大，從而讓絕大部分使用者基本上不需要刪除早期郵件或購買擴充服務。在變現方面，Gmail 選擇透過吸引大量使用者、連結流量的方式來賺取廣告收益，消除了很多投資者對其變現能力的擔憂和質疑。

最終 Gmail 的使用者成長趨勢是令人震驚的，也是很多投資者在為其投資時的考量因素之一。後來 Google 又相繼推出了桌面限量測試版 Gmail

及針對智慧手機的 Java（電腦程式語言）版 Gmail。Google 甚至還特意在 X 等社群平臺上發文慶祝 Gmail 的發展達到新的「里程碑」。

投資者可以要求創業者提供關於行業、產品的使用者成長數據，以便對這些數據進行分析。但需要注意的是，投資者必須謹慎辨別數據，判斷使用者數量是真正的成長還是虛假的成長，以及當前的成長是否因為壓榨未來資源與潛力而無法持續。企業往往不會將這些資訊直觀地呈現出來，因而投資者需要對企業進行非常深入的了解。

7.2.2
活躍／留存／流失使用者的數量

在一段時間內，對某產品有過任意行為的使用者，一般可以稱為這個產品的活躍使用者。所謂任意行為，主要包括使用產品、訪問網站、開啟 App 等。現在很多企業會透過日／週／月活躍使用者的數量，對自己的產品進行監測，投資者也同樣應該關注這些數據。

有的投資者在分析數據時，可能會看到企業活躍使用者的數量在一段時間內是逐漸增加的，於是便單純地以為這是非常好的現象，當下就立即決定對企業投資。但其實如果投資者沒有同時對留存／流失使用者的數量進行分析，那麼投資也許是錯誤的。

例如，某企業因為舉辦活動而獲得很多新使用者，從而帶動活躍使用者的數量不斷上升。但這意味著每天使用產品的人越來越多嗎？答案是否定的。因為這可能只是活動的效果太好，而掩蓋流失使用者的數量居高不下的問題所形成的假象，它也掩蓋了留存使用者在逐漸減少的事實。

產品面對的市場不同，活躍使用者的數量也會有很大的不同。例如，一款小眾的產品與一款泛社交類的產品相比，如果只看活躍使用者的數量，那就很難判斷它們的好壞。此時可以設定一個新指標 —— 活躍率，即在一段時間內，活躍使用者的數量與總使用者的數量比例。

但對不同的產品，使用者的需求通常不同（高頻或低頻），活躍率也有差異。投資者應該多分析活躍率的變化情況。新產品的活躍率極速上升或下降是很正常的，當產品有了一定的使用者規模，逐漸進入穩定發展期後，活躍率基本上就不會有太大變化了。

此時投資者可以透過區分新、舊使用者，進行活躍率分析。一般來說，當企業透過宣傳和推廣獲得一批新使用者後，可能會出現以下幾種場景。

場景一：使用者使用產品一段時間，發現這是他想要的產品，於是逐漸成為產品的留存使用者。

場景二：使用者使用產品一段時間，對產品沒有太大興趣，便決定不再使用。當產品的 2.0 版本釋出後，他又覺得有個新功能很不錯，就開始繼續使用產品。

場景三：使用者從網路上看到產品介紹，決定入手產品，但使用一段時間後，覺得產品很一般，便和身邊的朋友抱怨，後來再也沒有使用過。

透過上述三個場景，我們不難發現，使用者的類別非常多樣，他們對產品有不同的想法。因此，在分析與使用者相關數據時，除了關注活躍使用者、留存使用者及流失使用者的數量外，投資者還應該關注更全面的指標，如不活躍使用者、回流使用者、忠誠使用者等。

當然，一些經驗比較豐富的投資者還會思考更全面的問題：由活躍使用者變成不活躍使用者的人數有多少？使用者為什麼突然變得不活

躍？企業可以挽回多少流失使用者？留存使用者的數量較之前是否有所成長？這些問題可以幫助投資者了解企業的營運工作是否到位，以及營運策略是否正確。

Facebook 一開始在產品端不投放廣告的營運策略是正確的，否則會明顯降低使用者留存率。當時透過內部測試，Facebook 發現，當使用者的註冊時長超過 2 年，他們對有針對性的廣告投放，會有更高的接受度。此外，當使用者數量增加時，使用者的黏著度也會隨之增加。於是，Facebook 開始基於使用者的需求和興趣投放廣告，最終為自己和投資者帶來很豐厚的收益。

如果 Facebook 在使用者缺少黏著度時就投放廣告，那麼儘管短期內可以獲得一部分收益，但久而久之會損失活躍使用者，降低使用者留存率，最終帶來負面影響。例如，Facebook 的競爭對手之一 Friendster，就因為在判斷使用者的需求和興趣、制定廣告投放策略等方面出現失誤，導致僅僅幾年的時間，就在市場中失去競爭優勢，最終被市場無情淘汰。

活躍／留存／流失使用者的數量有一個顯著特點，那就是它們都屬於後見性指標，即當事情發生後，投資者才可以觀察到。一款產品可能因為缺乏競爭力、沒有重視新客戶和使用者營運等問題，而導致活躍使用者的數量與留存使用者的數量下降；也可能因為產品改動、策略失誤造成流失的使用者變多。

使用者的活躍、留存、流失都是動態的，企業只有維持正向的使用者動態流入，確保活躍使用者的數量和留存使用者的數量大於流失使用者的數量，才可以讓自己獲得健康、長遠的發展。

7.3
被投企業有超級使用者因子嗎

　　「超級使用者」一詞從出現開始，便引起廣泛關注。很多企業都打出「超級使用者時代已經來臨」的口號，甚至一些知名企業，如星巴克，也紛紛提供會員服務，試圖打造屬於自己的超級使用者因子。我也認為有超級使用者因子的企業會更受歡迎，也會讓投資者獲得更多。因此，在投資前，投資者應該分析企業究竟是否擁有超級使用者因子。

7.3.1
什麼是超級使用者？

　　超級使用者通常是指對品牌有認知、對產品有購買意向、會重複購買產品、能為企業提供回饋意見、願意推薦其他人購買產品、對產品有較高忠誠度、與企業建立強度關係的使用者。尼爾森提供的相關數據顯示，超級使用者的消費能力是普通使用者的 5 ～ 10 倍。

　　在日常生活中，超級使用者其實隨處可見，無論是蘋果手機的狂熱粉絲，還是遊戲中的超級玩家，他們都是超級使用者。他們自願付出高成本，來換取在特定領域和範圍內更高的地位，進而獲得更高的滿足感。這就像學業成績良好的孩子，會願意付出更多時間和精力在課業上一樣。

在消費場景裡，超級使用者代表願意以更高溢價為產品付費的人。只要企業能最大限度地滿足這部分人的需求，就可以獲取更豐厚的利潤，實現更高的商業價值。以亞馬遜為例，它就透過 Prime 吸引了很多超級使用者，讓廣大投資者更青睞於它。

Prime 是亞馬遜旗下的一種類似 VIP 的收費會員制度，曾助亞馬遜的市值達近 6,000 億美元。起初，Prime 的會員收費標準是一年 79 美元（後改為 99 美元），其中包括任意金額免美國境內運費、出庫後美國境內 2 日送達等權益。這些權益在物流體系還不是非常發達時，對人們頗具吸引力。後來亞馬遜將越來越多的產品和服務都納入 Prime。這不僅讓會員享受到更豐富的權益，還讓亞馬遜形成強大的數據處理能力。

在 Prime 風頭正熱之際，亞馬遜的很多工作都圍繞其展開。亞馬遜很早就知道超級使用者的價值和重要性，並持續探索應該如何進一步促進消費和培養更多超級使用者。例如，Prime 增加的影視服務，已經能夠在第一時間上線最新電影，相關收入更能與 Netflix 一較高下。

亞馬遜的案例充分展示超級使用者的價值，以及亞馬遜對超級使用者的重視程度。如果企業沒有吸引更多超級使用者的能力，那就很難有好的發展，也很難吸引投資者的注意，至少很難吸引我的注意。

一個不可否認的事實是，很多企業沒有意識到超級使用者的力量，這恰好為一些先行者提供了發展契機。如果可以充分利用超級使用者思維，那麼即使是一家小型企業，也可以獲得不錯的發展。我也比較看好這樣的企業，相信它會表現出極大的潛力。

在我看來，超級使用者思維之所以對企業的發展非常關鍵，主要是因為該思維遵循了以下兩個簡單卻很有價值的商業原則。

- ☐ 二八法則。當 20% 的使用者可以為企業帶來 80% 的利潤時，企業的當務之急，就是把這 20% 的使用者找出來，用 80% 的資源服務他們，讓他們變成穩定、有成長潛力的使用者。

- ☐ 使用者終身價值（life time value，LTV）。對任何企業來說，產品有高回購率很重要。使用者購買一次產品，企業可以賺一次錢，如果使用者能夠多次購買產品，那麼企業就可以多次賺錢。如果一家企業獲取使用者的成本低於其終身價值，那麼這家企業就可以獲得可持續的獲利與收入成長。例如，很多網際網路企業之所以在早期願意花錢來獲取 LTV 沒有那麼高的使用者，是因為當使用者數量增加到一定程度時，使用者留存率和 LTV 也會隨之提高。

所以，投資者在分析企業的使用者時，不能只看他們一次購買所帶來的價值，而應該看他們帶來的價值總和。使用者回購幾乎是不需要企業花費成本的，因而可以創造回購的企業，將會有更顯著的業績成長。

在流量時代，企業都把重心放在獲得新使用者上面，而基本上不太在乎舊使用者，就連投資者也更關注企業的新使用者成長情況。但現在獲取流量的成本不斷提高，未來很有可能會更高，相比之下，維護舊使用者獲得的遠遠超過獲取新使用者獲得的。這就要求企業和投資者應該用超級使用者思維看問題，多關注使用者營運工作，盡快找出那些願意持續付費的使用者。

超級使用者是企業的核心資產，我覺得投資者在投資前應判斷企業是否可以培養更多的超級使用者。

我曾經對一家企業投資，這家企業推出了會員服務，為常年購買產品的使用者提供更多服務和優惠，並推出不同等級的超級會員。現在這

家企業發展得不錯，使用者成長的速度也很穩定。自己投資的企業能獲得這麼好的結果，我除了高興外，還有一些感受。

❑ 思維的變化比策略的變化更有效。一旦企業改變了思維，結果自然也會改變。

❑ 超級使用者思維可以幫助企業實現更好的發展，同時也可以指導企業將有限的資源用於最有價值的使用者身上。投資者自然也可以因此而獲得更多。

❑ 中小型企業應該充分利用超級使用者思維，不斷挖掘使用者的終身價值。這也是投資者對企業進行考察時應該關注的重點之一。

在產品剛上市時，超級使用者可以影響一部分人成為新使用者，甚至成為產品的宣傳者和推廣者。在美國，這部分人通常被稱為 early adaptor（早期使用者）。對剛上市的產品來說，早期使用者是非常重要的。他們可以促進產品的口碑樹立和未來宣傳。

總之，超級使用者的價值和重要性已經無須多言。企業無論透過什麼方法，都應該將他們篩選和培育出來，因為他們是為企業帶來利潤的群體，也是為投資者打造「盾牌」的群體。

7.3.2
超級使用者背後的投資價值

企業銷售業績的成長主要來源於兩個方面：獲取新使用者、維護舊使用者。超級使用者就是從舊使用者進化而來的。當舊使用者進化為超級使用者時，其消費能力將提升 5 ～ 10 倍。例如，亞馬遜 Prime 會員使用者的消費能力，大約會比普通使用者高出 2 倍。

上述數據足以說明，超級使用者是推動企業銷售業績成長的重要力量。另外，超級使用者往往會主動向自己身邊的人推薦和分享企業的產品。換句話說，企業透過維護超級使用者，可以實現零成本拉進新使用者，並進一步促進銷售業績成長，從而讓投資者獲得更多。

對投資者來說，超級使用者背後的投資價值，還有留住高淨值使用者。「高淨值使用者」是金融領域的一個名詞，指的是經濟實力比較強的富裕階層。在其他行業，他們代表有消費能力、可以為企業創造高利潤的群體。通常一個高淨值使用者為企業帶來的收益，可能抵得過上百個普通使用者。隨著消費不斷更新，他們需要更好的產品和更優質的服務。這對企業來說，既是難題，也是機會。

以沃爾瑪旗下的山姆會員店為例。沃爾瑪主打低價產品，但有一批消費能力強的使用者不滿足於低價產品，此時沃爾瑪應該怎麼辦？它採取了一項十分正確的措施，即成立山姆會員店，專門服務高階使用者。使用者想在山姆會員店消費，要先付費、辦理會員。這樣沃爾瑪就可以從原有的使用者中，篩選出超級使用者，透過山姆會員店提供的服務，進一步留存這些超級使用者，這就相當於留住了高淨值使用者。難道其他企業就沒有超級使用者嗎？我認為一定是有的，只是企業需要想辦法將其挖掘出來。

從投資者的角度來看，值得投資的企業會為超級使用者設計一個更新通道，賦予他們一種特殊身分，為他們提供更高階的產品和更優質的服務。當企業讓超級使用者進化為付費會員時，就代表企業與他們建立了更持久、更堅固的信任關係，這有助於促進企業穩定發展。

信任是一切商業活動開展的基礎和前提，沒有信任，就沒有交易。正因為超級使用者對企業有更持久、更堅固的信任，所以其才可以幫助企業變革商業模式，為企業創造新的商機。還以山姆會員店為例，它不像家樂福等百貨超市那樣依靠銷售差價獲利，而是依靠會員費賺錢。這也就意味著，它的銷售差價只需要覆蓋最低的營運成本就可以了。

例如，一箱進價為 30 元的香蕉，家樂福賣 40 元，而山姆會員店只賣 35 元，它只要確保這個價格能覆蓋營運成本即可。山姆會員店創新了百貨超市的商業模式。如果沒有超級使用者，那也不會有山姆會員店的崛起和發展。

7.3.3
從流量思維轉變為超級使用者思維

我曾聽過一種說法：流量思維時代已經過去了，現在是超級使用者思維時代。雖然我並不認為流量思維時代已經過去，但隨著 Google、雅虎的轉型，我們可以清楚地知道，如果企業不了解使用者的習慣和偏好，那麼久而久之，使用者的黏著度會降低，甚至會流失。

在流量 2.0 時代，企業透過對使用者的消費行為和回饋進行分析，並結合大數據、人工智慧等技術，可以形成一個更有效的行銷循環。而能在這方面對企業有很大幫助的，無疑是超級使用者思維。至於什麼是超級使用者思維，我的理解是：企業不過度追求流量，不盲目擴張，而是踏踏實實地研發產品，以使用者為中心，為使用者提供最優質的服務。

在超級使用者思維的指導下，有好口碑的企業可以產生槓桿效應，贏得更多使用者。這類企業往往更受投資者偏愛。不過，企業在吸引使用者時，要注意以下兩個關鍵點。

　　第一，做讓使用者覺得「有面子」的事。在這方面，投資者要分析三個問題：產品的功能是否讓使用者願意經常使用？體驗是否良好？使用者是否願意將產品推薦給其他人？特斯拉的電動汽車剛推出時，在這方面表現亮眼，這也是其成功開啟市場的一個很重要的原因。

　　第二，不做讓使用者「丟臉」的事。這主要是指企業在對產品的功能進行優化時，要照顧舊使用者的感受，盡量減少功能優化後對舊使用者的影響。如果優化過的功能的確會對舊使用者產生影響，那麼企業就應該想方設法提前知會舊使用者或與舊使用者就此問題進行商討。

　　美國知名作家艾迪・尹（Eddie Ycon）在《超級用戶時代：抓住10%死忠客戶，引爆70%的利潤成長策略》（*Superconsumers: A Simple, Speedy, and Sustainable Path to Superior Growth*）[006] 一書中，總結了與超級使用者相關的五個重點，具體內容如下。

- ❑ 超級使用者願意在產品上花錢，還對開發產品的新用法很感興趣，而且執行力很強。
- ❑ 每款產品都有專屬的超級使用者。
- ❑ 超級使用者會對產品投入感情，從產品中挖掘更多價值。從這個角度來說，每個人都應該是某個或某類產品的超級使用者。
- ❑ 超級使用者具備較高的識別度，企業可以藉助大數據和社交媒體找到他們。
- ❑ 超級使用者願意購買產品，可以為企業帶來其他使用者。

　　這五個重點與我前面講述的內容不謀而合。我主張企業要制定超級使用者策略，將最有價值的使用者篩選出來，認真傾聽他們的需求，了

---

[006] [美] 艾迪・尹，《超級用戶時代：抓住10%死忠客戶，引爆70%的利潤成長策略》[M]. 王喆、余寧譯，北京：中信出版社，2017

解他們的情感等。如果一家企業能將精力投入到可以吸引更多超級使用者方面，並據此創新產品與商業模式，那麼這家企業可能會得到我的青睞。當然，我相信這家企業也可以得到其他投資者的喜愛。

流量思維或多或少掩蓋了網際網路的豐富性。雖然很多企業的產品和服務都非常不錯，但它們要不斷優化以滿足使用者日益變化的需求，企業必須主動出擊，讓產品、服務反向觸達使用者，從而激發使用者對產品產生需求，促使使用者購買產品。

正所謂「不謀萬世者，不足謀一時；不謀全域性者，不足謀一域」，我一直都很看好可以對未來有超前判斷的企業，也更傾向於向這樣的企業投資。所有投資者都應該記住一句話：肯為使用者踏實做事的企業，終將有光明、美好的未來。

第 8 章

專案評估：找到專案的真正價值

　　專案評估是所有投資者必做的一項工作。在進行專案評估時，缺乏經驗的投資者往往很容易出現問題。因為影響企業發展的因素太多，所以投資者對企業未來趨勢的準確判斷必須依託於其對專案的透澈了解、豐富的經驗和深刻的思考，而這些顯然是缺乏經驗的投資者所沒有的。

　　如果投資者的資歷不足，那麼很有可能會在初篩環節就把好專案過濾掉。如果投資者對某一個領域特別了解，但是對技術和行業過於看重，而忽略「人治」因素，那麼也很有可能出現「行業專家卻找不到好專案」的局面。

　　在憑藉自身的資歷、經驗做出有價值判斷的同時，投資者也要注意避免發生一葉障目的情況。因此，投資者必須對專案進行謹慎評估與嚴格考察。

8.1
專案評估四大面向

在投資界，好專案並非多如牛毛，因此投資者要有「火眼金睛」，能夠將好專案篩選出來。那麼，投資者應該如何篩選好專案呢？投資者可以從四大面向入手，對專案進行評估：第一大 —— 前景；第二大 —— 規劃；第三大 —— 優勢；第四大 —— 上線方案。

8.1.1
專案前景：處於藍海中，潛力巨大

在我的觀念裡，潛力巨大、處於藍海階段的專案，通常更有投資價值。可能有些人對「藍海」這個名詞不是非常熟悉，那麼我就先介紹一下什麼是「藍海」。在《藍海策略》（*Blue Ocean Strategy*）[007] 一書中，作者對「藍海」的解釋如下：「現存的市場由兩種海洋所組成，即紅海和藍海。紅海代表現今存在的所有產業，也就是我們已知的市場空間；藍海則代表當今還不存在的產業，這就是未知的市場空間。」簡單來說，處於藍海中的專案，是尚未被開發、有巨大潛力的專案。

處於紅海中的專案，產業規則和界限已經確立。很多企業為了降低

---

[007] [美] 金偉燦、勒妮·莫伯尼，《藍海策略》[M]. 吉宓譯，北京：商務印書館，2005

經營風險，紛紛投身於紅海市場，導致紅海市場的空間越來越擁擠，同行之間的競爭越來越激烈，收益也變少了。而藍海市場則不存在這些問題。

處於藍海中的專案，產業規則和界限還沒有確立，同行之間的競爭壓力比較小。如果企業的專案在競爭中搶占先機，那麼該專案的市場將是十分廣闊的，企業可以獲得的利潤也非常可觀。而投資者也更願意投資一個處於藍海中的專案，因為這會為他們帶來更多收益。

雖然紅海和藍海存在很大差異，但二者並不是完全對應的。例如，在短期內似乎已經呈現飽和式競爭的紅海市場，很可能會因為突發事件或市場規模快速擴張，而轉化為一個或多個藍海市場。

例如，Zoom 創立之初，大廠林立，市場競爭非常激烈。但在新冠肺炎疫情的影響下，遠端辦公的需求大幅度增加，遠端會議、線上交流趨於常態化。在這種情況下，Zoom 所處的線上視訊會議市場，就開始從紅海向藍海轉變。之前我有一次去帕羅奧圖的一家中餐廳吃飯，剛好遇到 Zoom 的創始人，他向我表示，他身為 Zoom 的創始人和 CEO，也不曾預料到新冠肺炎疫情會進一步擴大線上視訊會議市場的規模，從而使 Zoom 邁入一個全新的發展階段。

8.1.2
專案規劃：核心層＋有形層＋延伸層

專案規劃是指企業透過調查與研究，在了解市場、使用者需求、競爭對手、外在機會與風險及技術發展趨勢的基礎上，根據自身情況和發展方向，為專案制定可以掌握市場機會、滿足使用者需求的遠景目標及

實施該遠景目標的策略的過程。投資者需要從核心層、有形層、延伸層等方面入手，對企業的專案規劃進行分析。

這三個層次是相關聯的整體，表現出消費需求的多層次性，闡述消費需求的動機，對商界和投資界、融資界產生很大的影響。

第一個層次是核心層，是滿足使用者需求，為使用者解決問題的層次，也就是使用者認可專案的真正原因。投資者在分析核心層的規劃時，要時刻關注使用者需求，將滿足使用者需求放在首位。

第二個層次是有形層，即把專案轉化為有形實體或服務。一款產品主要包括五個要素：品質、特徵、樣式、品牌和包裝。例如整體手感、螢幕大小、按鈕設計、Logo 設計、形狀規格、圖示設計等，就屬於手機的有形層。每家企業的有形層規劃都不同，哪個更能受到使用者的認可和喜愛，投資者就會給予更多關注。

第三個層次是延伸層，即專案之外的附加品。例如，使用者購買空調，得到的不只是空調的室內機、室外機、遙控器等，還有使用說明書、送貨上門、免費安裝、隨時上門維修及售後服務等附加品。美國市場行銷專家李維特（Theodore Levitt）曾表示，現代競爭的關鍵，並不在於各家企業在其工廠中生產什麼，而在於它們能為使用者提供什麼附加價值。

核心層、有形層、延伸層是不可分割和緊密相連的，它們構成了專案的整體概念。一個專案的價值大小，是由使用者決定的，而不是由企業決定的。因此，投資者要仔細分析企業在進行專案規劃時，是否將使用者的需求考量進去，如果沒有，那麼該專案就會面臨比較大的風險。

8.1.3
專案優勢：成本＋可規模化＋自動化

矽谷的很多投資者在投資時，會更關注有不公平優勢的專案。這裡所說的不公平優勢，更常展現在成本、可規模化、自動化方面。

如果一個專案具備成本優勢，那麼其價格只要維持在行業平均水準、甚至稍低於平均水準，專案就能獲得高於行業平均水準的利潤。而且，企業不必擔心自己在與競爭對手展開價格戰時，對人力、物力造成過多消耗。

蘋果公司對旗下的 iPad 產品嚴格進行成本控制，力求將成本降到最低。在原物料方面，蘋果公司與固定的供應商合作，不給代工企業從中抽取利潤的機會，從而節省了不少成本，形成了成本優勢。

除了成本優勢外，可規模化對專案的穩定執行來說也非常重要。首先是生產和銷售的可規模化。

以微軟早年主打的 Windows 系統光碟為例，使用者只有購買光碟，才能使用配合 Windows 系統的軟體。光碟的成本極低，平均下來，1 張幾乎不到 1 美元。而且，隨著銷售量的增加，即使對光碟進行規模化生產，其成本也幾乎沒有增加。因此，其銷售額幾乎是純利潤。

同樣深諳規模化之道的還有 Scale AI。只要它完成數據累積，實現可規模化就不是難事。Scale AI 可以用標注的數據進行模型訓練。而且，軟體的生產力會不斷提高，數據也會不斷疊加，這會使 Scale AI 的數據累

積量呈現指數級成長。這就是為什麼我看好人工智慧和大數據，因為其存在可規模化優勢。

除了實現規模化發展外，Sacle AI 的價值還展現在其業務能幫很多企業實現規模化，因此其獲得廣大投資者的青睞。

其次是發展策略的規模化。

Facebook 有一個很優秀的發展策略。每次當它要推出新創意或新產品時，都會先在一個和全球使用者結構很相似的小市場中進行小規模、但有針對性的產品投放。假設 Facebook 有一款未來打算在美國推出的產品，那麼它會先在加拿大投放。

加拿大市場就像一個微縮的美國市場。Facebook 可以透過在這個規模小、但要素齊全的市場中，進行產品投放，來測試產品的可行性，並獲得使用者的回饋。只要 Facebook 的產品可以在加拿大受到使用者喜愛，那麼它就可以在美國全域進行產品投放。

隨著技術的不斷發展，自動化也成為專案的一個重要優勢。實現自動化生產的專案，往往有很高的生產效率，這是吸引投資者的重要因素。例如，同一件產品，沒有自動化生產的單位生產量是 100 件，而有自動化生產的單位生產量是 300 件。如果每件產品的獲利都是 20 元，那麼有自動化生產的企業，就可以為投資者帶來更多收益。

出於這方面因素的考量，投資者在進行投資決策時，應該偏向那些可以實現自動化生產、實現規模生產的專案。自動化還能展現出企業的技術革新，如果企業一直故步自封，那就很難有長遠的發展。很多投資者並不看好此類企業，我本人也是如此。

現在很多專案都已經實現了低成本、可規模化、自動化生產。這些專案更具競爭優勢和規模效益，因此是投資者進行投資的不二之選。

8.1.4
專案上線方案：時間＋規模＋迭代節奏

專案只有在合適的機會上線，才能為企業帶來更多收入。在專案上線前，企業要做好準備工作，即制定完善的專案上線方案，專案上線方案通常包括三個部分：時間、規模與迭代節奏。投資者在投資前需要對專案上線方案進行分析與稽核。

❑ 企業需要對專案的上線時間進行精準預測。如果專案在資金入帳後，很長一段時間才上線，那麼極有可能影響投資者的收益。因此，為了降低風險，避免後顧之憂，投資者要了解專案的上線時間。

❑ 專案的上線規模也是投資者必須了解的要點之一。在這個方面，投資者要了解兩個問題：一是專案的上線規模是多少；二是企業有無確定這個規模的依據。此外，投資者還應該進行多方面的調查，根據調查結果確定專案上線規模是否合理。

❑ 一成不變的專案是不存在的。企業要根據市場變化，不斷優化專案，進一步提升專案的市場占有率。如果專案的市場占有率在很長時間內都是一個定值，那就意味著企業的收益可能在這段時間內沒有成長，這不利於投資者獲得更多收益。

投資者在分析企業的專案上線方案時，要確定以下四個關鍵問題。

☐ 企業何時會更新專案，策略是什麼？

☐ 何時可以實現市場占有率的提升？

☐ 企業用什麼方法提升專案的市場占有率？

☐ 專案的市場占有率要提升多少？

此外，專案上線方案要符合市場情況，方案中的時間、規模、迭代節奏等指標，也要科學、合理。投資者要警戒創業者為了獲得投資，而過度誇大這些指標，以免讓自己遭受損失。

一個非常有意思的現象是：很多技術人員出身的創業者，其專案上線時間要比預想的慢一倍，甚至更久。這是因為此類創業者往往把焦點集中在技術的可行性和產品的完善性，而忽略了技術以外那些需要花費大量精力和時間的工作。所以，我在投資此類創業者時的習慣之一，就是將其專案上線時間往後推遲一些。

與技術類創業者相對應的，是商業類創業者。此類創業者往往在對營運策略和發展細節等方面的考量上表現得更好。但由於專案的研發進度大多由技術團隊決定，因此，他們通常對專案上線時間沒有絕對的控制力。對於這種情況，投資者在投資時也要加以注意。

而對於專案上線後的迭代和更新，企業可以在合理的規劃下，用最平穩的方式，盡可能提高使用者滿意度。以 Google 為例，使用者經常會發現自己使用的 Google 產品有了一些新功能，而這些功能不是每個使用者都有的。出現這種情況的原因，是因為 Google 為一部分指定的目標群體增加了嘗試性功能，一方面是為了測試產品效能，另一方面是為了兼顧伺服器的容量問題。

我經常和朋友們說：「凡事要有裡、有面。」無論是專案上線時間，還是迭代節奏，都只是專案的「面子」，「裡子」還是要落在核心競爭

力上。這種核心競爭力，往往來自於專案的定位、功能、價格、使用體
驗等方面。這是無法憑藉單純的人海策略或資金支持實現的。因此，在
選擇專案時，除了分析專案上線方案外，投資者還要考量專案的核心競
爭力。

8.2
專案行銷策略稽核：能否贏得使用者支持

行銷是一個非常重要的環節。雖然有些企業認為，只要產品夠好，就不需要行銷。但其實這種觀念本身就展現了行銷。透過行銷，企業可以催生使用者新的消費需求。例如在美國，萬聖節、情人節等很多節日，都變成企業進行行銷的契機。此外，一些企業還創造特殊的「節日」進行行銷，如阿里巴巴發起的「雙 11 購物節」和亞馬遜發起的 Cyber Monday（網路星期一、「剁手」星期一）。

生活需要儀式感，好的行銷可以催生消費需求，讓使用者對產品產生更強烈的需求。想獲得良好的行銷效果，企業就要制定一個好的行銷策略。

8.2.1
設立行銷目標：遵循 SMART 原則

企業在開展行銷前，一定要設立行銷目標，否則很可能會像「無頭蒼蠅」一樣到處亂飛，最終毫無效果。合理的行銷目標，可以讓行銷活動發揮出最大價值，促進產品的銷售。無論是企業設定行銷目標，還是投資者考察企業的行銷目標，都可以遵循 SMART 原則進行。

SMART 原則由現代管理學大師彼得・杜拉克（Peter Drucker）提出，最早出現在他的著作《管理的實踐》（*The Practice of Management*）[008] 中。杜拉克認為，好的領導者要懂得避免「活動陷阱」，他們不會因為只顧著低頭「拉車」，而忘了眼觀四面、耳聽八方，也不會忽略企業最重要的目標。SMART 原則一共由五個部分組成，如圖 8-1 所示。

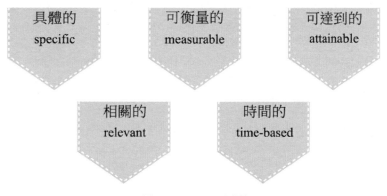

圖 8-1 SMART 原則

1. 具體的

行銷目標必須是具體的，要能用清晰、詳細的語言闡述出來。幾乎所有成功的行銷團隊都有具體的目標，而有的行銷團隊之所以沒有成功，很可能是因為設定的行銷目標不夠具體，導致員工在執行時沒有明確的方向。

例如，我曾經遇過一個創業者，他說自己為企業設定的行銷目標是「讓產品被更多人知道」。這個目標雖然看起來滿具體的，但其實並非如此，因為「更多」是一個模糊的概念。如果把這個目標改為「讓知道產品的人增加 30%」，就會變得比較具體。

---

[008] [美] 彼得・杜拉克，《管理的實踐》[M]. 齊若蘭譯，北京：機械工業出版社，2006

2. 可衡量的

行銷目標必須是可衡量的，要有數量化及行為化的特徵，同時還要有可以獲得驗證業績指標的有效數據或資訊。設定的行銷目標明確而不模糊，是可衡量的基本標準，同時還要確保投資者在衡量企業是否達成目標時，有一組明確的數據可以作為參考。

行銷目標是否能實現，取決於其是否能被衡量，一些大方向上的目標就非常不好衡量。例如，某行銷團隊設定這樣的目標：下個月要制定出有效的行銷方案。其中，「有效」沒有明確的衡量標準，投資者在對目標進行分析時也沒有依據。

3. 可達到的

行銷目標必須是可達到的，這是指企業設定的行銷目標，在努力後能夠實現，不能過高或過低。試想，如果企業為了獲得投資，使用不當方法，把不符合實際情況的行銷目標強加在員工身上，那就很可能導致員工在心理或行為上產生抗拒，最終適得其反。

4. 相關的

行銷目標不應是獨立的，而要和其他目標具有一定的相關性。如果行銷目標與其他目標沒有任何相關性，那麼即使這個目標順利實現了，意義也不大。

5. 時間的

行銷目標的截止時間必須明確而清楚。投資者在分析企業的行銷目標時，要看其有沒有截止時間。如果目標沒有一個明確的完成時間，那目標完成的效率與進度，就無法被有效衡量，目標的實現結果可能也不

理想。例如，某企業的目標是「我們會把產品投放到 Facebook 上進行推廣」，這個目標就沒有具體的截止時間，因此投資者在分析企業的目標時就無據可依。

設定目標沒有那麼簡單，企業除了需要提前做準備外，還要掌握大局。且隨著新階段的開啟，行銷需求也會發生變化，企業必須審時度勢，及時對行銷目標進行調整。這也是投資者需要著重考察的部分。

根據我多年的投資經驗，我認為廣告是 SMART 原則的一個非常經典的應用場景。例如，Google 對地域特徵、目標群體、年齡、性別、廣告投放時間等影響行銷效果的因素，都有非常具體且可量化的衡量標準，可以更加滿足 Google 進行廣告行銷的具體需求。

8.2.2
管道策略：找到一個合適的管道

管道是觸發並轉化使用者的方法，同時也是企業著墨比較多的一個環節。對投資者來說，分析企業是否已經找到一個合適的管道至關重要。管道代表企業的行銷水準及行銷活動覆蓋的範圍。事實上，很多企業在產品品質水準上非常接近，但在管道能力方面卻相差甚遠。

在網際網路不斷發展的背景下，管道的創新性與多元化，更加突顯其影響力。例如，以媒體平臺為代表的管道，在治癒心靈方面有著天然優勢，如果企業可以將媒體平臺視為載體，進行持續的價值觀表達和品牌傳播，那這種管道將在很長一段時間內，為企業和投資者帶來好處。

在內容管道方面，短影音等媒體的興起，無疑為行銷與品牌建設方式帶來很大的改變。它們不僅顛覆了以流量為核心的金字塔結構，還為

以 KOL（關鍵意見領袖）為核心的矩陣結構奠定了基礎，讓更多中小型企業、新興企業能夠以低成本的方式精準地觸及垂直領域的使用者。

對企業來說，YouTube 等平臺為其提供演算法支持。同時，這些平臺依靠強大的服務能力及優質的推廣與消費體驗，將內容生產者、內容推廣者及使用者整合在一起，在為他們帶來更多價值的同時，也影響了他們的決策。

除了內容管道外，隨著輕資產化和網路思維的發展，實體線下門市也逐漸向管道化的方向發展。現在很多企業都喜歡利用第三方實體銷售管道，來進一步樹立品牌形象，提升收入。在這個過程中，管道方和產品方進行雙向選擇，雙方會根據自身的利益，來決定如何更公平地分配利潤。

例如，手機殼、耳機、掃地機器人等產品的生產商，為了藉助蘋果公司的品牌效應來樹立自身形象，而選擇將自己的產品在蘋果的線下實體店裡出售。但這些生產商需要將 40% 左右的銷售額分配給蘋果公司。

而那些希望擴大產品覆蓋區域、提高使用者數量且追求 CP 值的企業，則傾向於將 Costco 一類的商場作為銷售產品的管道。為了更能執行銷售策略，同時降低成本，很多企業會對線上、線下管道銷售的產品進行客製化調整。例如，在 Costco 銷售的衣服，和在專賣店銷售的同款衣服，有不同的 SKU（stock-keeping unit）標號，價格也不同。

無論是在內容管道進行行銷，還是線上、線下管道進行行銷，其本質都是促使消費者進行消費，為企業帶來更多收入。使用者的每種消費行為，其實都是一種表達，使用者在不同的管道消費，其表達的內容也不同。企業要了解使用者表達背後潛藏的消費動機與消費心理，深度挖掘各種管道的價值。

美國市場行銷協會（American Marketing Association，AMA）曾對管道進行定義，並將其級別和結構分為四類，如表 8-1 所示。

表 8-1 管道級別和管道結構

管道等級	管道結構
0級銷售管道	生產者→用戶
1級銷售管道	生產者→零售商→用戶
2級銷售管道	生產者→批發商→零售商→用戶
3級銷售管道	生產者→代理商→批發商→零售商→用戶
	生產者→批發商→中間商→零售商→用戶

當一種產品的產能超過市場需求時，企業要將產品賣出去，就必須依賴管道。面向企業的 to B 業務的管道是代理商，面向使用者的 to C 業務的管道是零售商。規模化的大型倉儲超市和連鎖商店因此發展起來，它們掌握了一定的話語權和定價權，並逐漸對上游形成控制。

如果說產品品質是第一生產力，那麼管道就是第二生產力。在「管道為王」的時代，在商場、超市、服裝批發市場、專賣店等重要場所，企業如果都能占據較大的比例，產品擺得多、貨架大，那它就是一家賺錢的企業。因此，有人說「得管道者得天下」。

如今，投資者要看企業的產品賣得好不好，需要看貨架。貨架在哪裡？在使用者的手機裡，所以，與之前相比，現在的管道和貨架已經發生了變化。對企業來說，momo、蝦皮、Yahoo 購物等平臺，除了是重要的管道，還是宣傳的媒介。

隨著消費個性化趨勢日益突顯，使用者對產品與服務的要求越來越

高，管道、流量帶來的廣告效應和轉化率則逐漸降低。同時，隨著經濟的發展，流量、行銷等需要花費的成本越來越高，如果企業還拿著「老地圖」，那麼必然找不到「新大陸」。

如今，以使用者為中心的價值行銷模式才是最重要的。使用者經濟時代已經到來，這是投資者應該感知到的趨勢，因此投資者在選擇投資專案時，要考察其是否以使用者為中心，是否切中使用者的核心需求。需要注意的是，與行銷模式和管道策略等相匹配的，一定是更強大的產品研發能力和執行能力。

例如，根據使用者的需求和偏好進行訂製化生產，可以讓企業為使用者提供的價值最大化。特斯拉就採取了這種策略，它允許使用者訂製自己的汽車，並在短時間內交付，由此形成強大的競爭力。畢竟 1 萬輛訂製汽車，在綜合價值和生產難度上，要遠遠超過 1 萬輛普通汽車。前者的競爭力是對後者的打擊，投資者應該多關注前者，並盡量選擇與前者合作。

8.2.3
行銷團隊及管理：有成長才有結果

有經驗的投資者可能聽說過一個風靡一時的名詞 —— 成長駭客（Growth hacker）。在行銷過程中，企業都希望可以在不到 5 分鐘的時間內，獲得 10 倍的成長。但事實上，這是很難實現的，因為真正的成長，來自持續擴張的管道以及行銷團隊的共同努力。

在這種情況下，企業必須有一個以成長為目標導向的行銷團隊，且團隊成員可以共同進步。在分析企業的行銷團隊是否合格前，投資者必

須了解一些比較重要的問題。透過這些問題，投資者可以判斷企業是否真的已經做好充足的準備。只有真正做好準備，企業的行銷效率與效果才有保障，所帶來的收益才更可觀。

問題1：企業有沒有為行銷團隊準備預算？

一般來說，行銷團隊是由一些經驗豐富、能力強大的成員共同組成。投資者要確認企業是否根據實際情況對員工進行分工與管理，並為整個行銷團隊留了足夠的預算和開發時間。更重要的是，投資者必須做好在短時間內可能不會獲得收益的心理準備，畢竟有些投資需要以長遠的眼光來衡量價值。

問題2：在有限的空間裡，湧入的流量是否可以得到妥善處理？

行銷團隊付出大量的時間進行行銷非常有必要，因為這有利於讓品牌和產品實現病毒式傳播。在行銷過程中，當流量不斷增多時，企業是否能對其進行妥善處理，是投資者必須關注的問題。尤其對剛創立的企業來說，妥善處理流量的確是一件重要的事情，因此應該安排專門的員工來完成。對此，投資者必須提前好好把關。

問題3：工程部門設定的發展計畫，有沒有包含在成長目標中？

在新時代，很多企業都會有工程部門，該部門負責對相關技術進行掌控，提升產品品質。不過，即使企業的規模非常大，經濟實力十分雄厚，工程部門也不會有太多成員，畢竟他們只要負責自己需要完成的專案，而行銷團隊則不行。

隨著企業不斷發展，行銷任務會不斷加重，企業就需要擴大行銷團隊規模。在這之後，企業還需要規劃專案和為不同類別的專案提供所需資源，並將行銷團隊分為「幕前」和「幕後」兩個部分。接下來，企業需要僱用既有應徵經驗，又有成長技巧的專家，讓他們去不斷提升行銷

團隊的能力。當然，在這個過程中，工程部門始終要得到充分的重視。

問題 4：企業的成長可能來自哪裡？什麼樣的產品可以參與到行銷中？

投資者要對企業的成長情況瞭如指掌，了解成長可能來自哪裡、成長是否有可持續性。而想實現這個目標，投資者應該考量很多問題，如企業使用的平臺是什麼、企業掌握了哪些先進技術、有什麼獨特的優勢、在成長過程中可能會出現什麼樣的挑戰等。

隨著技術的進步和媒介的多元化發展，行銷團隊所扮演的角色在不斷更迭。傳統的行銷方式大多是透過上門拜訪、面對面溝通等形式促成業務合作。但網路興起後，行銷團隊透過更多元化的手法和方式，實現從策略執行者到策略設計者的轉變。這種轉變也使行銷效率和行銷成果展現跨越式的提升。

在高科技企業中，有個非常重要的部門 —— 產品發展部。該部門的職責是對數據進行蒐集和分析，其在產品的開發、測試、投放等環節中，發揮決定性的作用。而該部門的成員具備非常重要的能力 —— 對廣大消費者的需求進行挖掘和滿足。

現在是數據時代，所以投資者還應該考察行銷團隊的數據能力。傳統的行銷團隊，將重點放在宣傳和推廣方面，並沒有專門的數據人員對數據進行分析，因而很難定位使用者、尋找行銷的爆點。而基於數據的新型行銷團隊，則可以有效避免這種情況。

企業要充分挖掘數據的商業價值，以提高產品的轉化率。為什麼亞馬遜發展得如此迅速？並不是因為它可以向消費者提供有用的資訊，而是因為它可以向消費者提供快速決策和進行消費的捷徑。

具體來說，消費者可以透過任何一個管道購物。他們的消費往往是

從一個管道開始，在另一個管道結束。例如，有些人會先在線上瀏覽產品的屬性、價格、庫存等資訊，然後線上購買，再由線下實體店送貨。當然，他們也有可能選擇直接到線下門市購買。

在這個過程中，消費者的每一個消費行為，都會留下大量數據。如果企業充分利用這些數據，就可以為消費者提供一對一的個性化購買建議，從而優化消費者的消費體驗，進一步激發其付費行為的產生。

除了亞馬遜這類電商企業外，網際網路企業也可以根據數據進行產品研發。這也就意味著，任何行業的任何企業，都可以利用數據，提升自己的競爭力。現在，很多企業都具有獲取數據的能力，這些數據可以幫企業完成很多工作。例如，利用這些數據，企業可以分析消費者偏好、創新商業模式和產品、開發更多業務、充分開啟市場等。

由此可見，數據能力對企業來說的確非常重要。而這也從側面反映出，在行銷團隊中，數據人員的地位不可替代。所以，投資者想更精準地考察企業的行銷團隊，提高最終的投資效果，可以考察數據人員的能力，並讓數據說話。

8.3
專案風險全面預測

　　美國專案管理大師馬克思‧威德曼（Max Wideman）將專案風險定義為「某個事件的發生，對專案造成不利影響的可能性。」投資者需要預測專案風險，掌握與此風險相關的資訊，量化此風險帶來的損失。對專案風險的全面預測，是一個漸進的學習過程，投資者需要不斷提升自己，增加自己的風險識別能力。

8.3.1
專案有無風險性因素

　　跟我自己一樣，其他投資者肯定也不願意投資風險特別高的專案。為了更能「避雷」，投資者要對專案進行分析，判斷其有無風險性因素。企業會面臨的風險性因素通常包括五種：策略風險、財務風險、商業風險、營運風險、政策風險。

1. 策略風險

　　策略風險是指對企業策略目標的實現造成影響的不可預估的事件。需要注意的是，如果是已經發生的事件，對企業策略目標的實現造成影響，那麼該事件不屬於策略風險的範疇。內部和外部因素都可能帶來策

略風險，例如新產品研發的風險、來自競爭對手的風險、政策變化的風險、轉變行業方向的風險、企業收購與合併的風險等。

例如，金融行業很容易受到政策變化的影響，所以企業的合規性非常重要。我認識一位創業者，他第一個專案失敗的原因，是在提供 HR 服務的同時，還開展保險業務，而保險業務在美國是被嚴格監管的，與其相關的政策有很高的不確定性。他因此官司纏身，甚至差一點進監獄。

2. 財務風險

財務風險的表現形式是資金與債務、利息之間的關係，也就是資金是不是可以在償還債務和利息的前提下，支撐企業的正常運轉。如果企業的債務和利息金額巨大，已經遠遠超過其資產總額，那就很可能導致財務危機，甚至破產。

此外，收益分配風險也屬於財務風險，是因收益分配不合理而產生的風險。各股東得到的分紅太少，會引起他們的不滿，他們可能會採取像拋售股票、罷免高層等措施。這不僅會阻礙企業經營，還會導致企業發生財務危機。因此，企業一定要有科學、合理的收益分配方案。

財務造假也是一種財務風險，會對投資者的收益造成嚴重影響。

曾有一家很有潛力，也很有知名度和影響力的企業，我暫且稱它為 WD（化名）。2020 年 6 月，該企業接受一家會計師事務所的審核，但對方發現其儲存在菲律賓銀行的 19 億歐元現金下落不明，無法考核。

後來菲律賓銀行釋出宣告，稱 WD 不在自己的客戶名單中，該企業提供的銀行相關檔案和憑證都是偽造的。結果在短短的一個星期後，該企業便向法院申請破產，甚至還欠下近 40 億美元的債務，其股價也迅速下跌，很多高階管理人員紛紛撤離。

最終，調查結果顯示，WD 的高階管理人員涉嫌與他人合謀，透過對業務進行偽造來誇大收入，試圖營造一種企業財務實力雄厚的假象。此做法使該企業成功獲得 32 億歐元的投資。WD 的做法是一種詐欺行為，其投資者因為該事件而遭受很大的損失。

3. 商業風險

商業風險是企業所處外部環境發生變動而導致的風險，主要包括以下幾種。

- ❑ 信用風險。信用風險是企業無法履行與其他企業簽訂的合約條款而引發的信用危機。它會損害企業信譽，進而使投資者遭受嚴重損失。

- ❑ 市場風險。市場風險有產品市場風險和金融市場風險兩種。產品市場風險包括市場需求發生變化的風險，新產品出現後引起的舊產品滯銷、價格下降等損失，以及原料價格上漲導致的高成本損失。金融市場風險指的是銀行利率、外幣匯率等金融市場發生變化，帶給企業不可預測的風險。這兩種風險都會影響投資者的收益。

- ❑ 法律風險。企業違反法律法規或與其他企業發生法律糾紛，都會為企業帶來法律風險。存在法律隱患的企業顯然不適合投資，因為它會為投資者帶來極大損失。

- ❑ 技術風險。企業對技術的依賴性過強，或對產品所依託的技術發展速度進行錯誤的預測，就可能引發風險。例如，矽谷曾出現虛擬實境（virtual reality，VR）泡沫。該技術在當時剛興起，很多企業擁有的 VR 技術無法滿足專案發展的需求，因此很多專攻 VR 領域的企業接連倒閉。隨著近幾年 VR 技術的發展，以及 5G 技術的廣泛應

用，早年 VR 領域的發展，為當下正在興起的元宇宙概念，提供肥沃的發展土壤。

所以，技術風險也有一部分來自時間。有人開玩笑說：「在技術跟不上的情況下，『先鋒』可能變成『先烈』。」因此，投資者在考量投資專案時，對於應用場景與技術發展速度相契合的問題，一定要多加留意，否則很可能會做出讓自己後悔的選擇。

4. 營運風險

營運風險是由於業務流程不完善、員工工作失誤或外部因素變化，導致企業營運失敗或營運活動無法達到預期目標，而造成經濟損失的可能性風險。這種風險的危害可大可小，投資者要謹慎識別。營運風險可能來自企業內部，也可能來自企業外部。但大多數營運風險主要還是產生於營運過程中，包括資訊系統安全風險、供應鏈風險、產品品質控制風險等。

5. 政策風險

各國市場情況不完全相同，政策及其發展方向，對市場影響的大小也有所差別。投資者一定要仔細考量企業未來可能面臨的政策風險，此類風險一旦爆發，企業很有可能遭受巨大損失。例如，教育行業、出租汽車行業，它們的發展都會因為政策調整而受到影響，一些企業甚至可能因此倒閉。

上述風險都是可能潛伏在企業中的風險，所以投資者應該對企業各環節加以分析，從而對這些風險進行排除和規避。

毫無風險的企業幾乎是不存在的。比較理想的狀態是企業面臨的風險不多，這樣投資者的收益可以得到足夠的保障。但投資者也要對企業提供資訊的真實性進行分析，以免企業刻意隱瞞風險。

8.3.2
風險爆發的可能性事件

在起步階段，大多數企業為了存活，不得不將各種資源利用到極致。這種狀態通常被稱為 stretch the limit（拉扯限制）。無論發展順利與否，處於這種狀態的企業和團隊，就宛如一個「火藥桶」，任何事件都有可能成為導火線，讓其造成巨大衝擊。

因此，促使風險爆發的可能性事件，是投資者在進行風險分析時應該關注的重點。這類事件可能來自企業內部，也可能來自外部，甚至可能是內外部事件的疊加。例如，利率上調、財務預期失誤、收益分配不合理等，都可能引發財務風險。

為了將企業的風險了解得更透澈，投資者應該明白何種事件會對企業造成損害。例如，一家餐廳可能會面臨比較大的產品風險。餐廳主營中式餐點，儘管其產品經過設計和優化，但獨特性並不明顯，很容易被競爭對手模仿，從而出現雷同現象。雷同產品的出現，就是引爆產品風險的可能性事件。

在分析引爆風險的可能性事件時，投資者要考量以下兩個問題。

❒ 如何設定風險事件？

❒ 風險事件的數量是否很多？

首先來說第一個問題。投資者應該將爆發機率比較高的事件設定為風險事件。例如，一家企業在財務方面沒有太大問題，但利率是一個無法確定的因素，那麼投資者就可以把利率上調設定為這家企業的風險事件。

再來看第二個問題。企業面臨的風險事件不應該太多，一般來說一

個足矣。企業的風險事件太多，就意味著它發生風險的機率大。對投資者來說，這樣的企業不具有競爭優勢，它會對投資者未來獲得的報酬產生嚴重的影響。所以，投資者要特別考察企業的風險事件是否過多。

8.3.3
計算風險造成的投資損失

　　風險一旦爆發，會讓企業造成損失，甚至會使企業倒閉。而風險帶給企業的損失，可能是財務方面的，也可能是生態方面的。在我看來，生態方面的損失要比財務方面的損失更嚴重。因為財務方面的損失，最壞的結果就是企業負債纍纍、破產倒閉；而生態方面的損失，不僅危害企業，還可能危及周圍無辜人員的生命、破壞生態環境。例如，倉庫大爆炸事故，其造成的損失很難用金錢衡量，而發生事故的企業，也將面臨發展挑戰。

　　當企業發生風險後，投資者的收益必然也會受到影響。所以，投資者必須做好風險分析預測，盡可能避免出現財務損失和生態損失。

　　某人壽保險公司在紐約交易所掛牌上市，募集資金34億美元。但成功上市的喜悅還未散去，相關部門便公布了其當年的審計報告。報告披露，該保險公司存在重大違規行為，涉嫌吸收各類違規資金約54億元，需要繳納稅金和罰金共計6,749萬元。

　　後來由美國投資者聘請的代理律師事務所宣布，擬代理投資者對這家人壽保險公司提起訴訟。該律師事務所聲稱，此保險公司及其部分高階管理人員，違反美國《證券交易法》，在募股期間沒有披露不利事實，讓投資者造成損失。

在上述案例中，保險公司的損失是十分巨大的，投資者雖然對其提起訴訟，但自身利益肯定也受到一定的影響。事後調查顯示，這個事件其實是可以避免的，而它之所以會發生，就是因為企業和投資者都沒有重視風險。

雅虎曾經在 2016 年披露兩起分別發生於 2013 和 2014 年的數據洩露事件，這兩起事件分別影響了 10 億名和 5 億名使用者的隱私安全。2017年，雅虎又將相關數據調整，表示受到影響的使用者數量，達到驚人的30 億名。這兩起事件成為網路史上最大的數據洩露事件，在短期內對雅虎的形象和市值造成巨大衝擊，導致很多次級市場的投資者損失慘重。

這再次告誡投資者必須增加風險意識，不要等損失發生了才後悔莫及，應該在投資前充分了解企業的風險，確認企業有應對風險的方案，讓自己吃一顆「定心丸」。

8.3.4
稽核被投企業的風險控制與管理方案

「居安思危」是一個非常有道理的詞語。對企業來說，這意味著即使處在一個安全的環境中，也要時刻提防風險的來臨。在風險發生前就要想好解決方案，並在風險來臨時從容不迫地應對。這也是企業風險管理與控制的目標。

風險管理是對企業內部可能產生的各種風險進行識別、衡量、分析、評價，並採取及時、有效的方法防範，用最經濟、合理的策略處理

風險，以實現安全保障最大化。風險控制則是企業採取各種措施，以減少風險發生的可能性及風險發生時造成的損失。

在企業發展的過程中，總有一些事件是不可控的，所以風險總是存在。優秀的企業會採取風險規避、風險轉移等措施，以降低風險發生的可能性，並將可能造成的損失，控制在一定的範圍內，從而防止風險發生帶給企業難以承擔的後果。

風險管理與控制是不可分割的整體，最終目的都是避免風險發生和在風險發生時將損失降到最低。投資者在進行這方面的稽核時，要著眼於風險控制。通常大多數企業都會採取積極的方法控制風險的發生，甚至還會設立專門的風控部門，聘請有經驗的風控專家。

在控制風險方面，GE 做得非常不錯。GE 前董事長傑克·威爾許（Jack Welch）退休後，新任董事長卡爾普（Lawrence Culp）發現，企業大部分的收入都來自保險業務，抵押物都是企業的資產。雖然保險業務曾為 GE 帶來鉅額收入，但一些突發事件，使 GE 進行了鉅額賠付，由此產生了巨大虧損。

為了減少虧損、降低風險，GE 被拆分為三家公司：GE 航空、GE 醫療，以及由 GE 可再生能源、GE 發電、GE 數字集團合併而成、專注於能源轉型業務的 GE 能源。與此同時，GE 計劃在幾年內推動這三家獨立公司分別上市。

卡爾普曾經公開表示，將 GE 拆分為三個處於行業領先地位的上市公司後，每家公司都可以更完善自身業務，從更科學、合理的資本配置策略與營運方案中獲益，從而幫助使用者、投資者、股東、員工實現長期成長，使 GE 獲得更好的發展。

　　我認為控制風險的最佳方法，是根據企業的實際情況，在風控專家的指導下，制定多個風險應急備案，為應對企業可能發生的風險做好最充足的準備。這樣當風險真的發生時，企業可以從中挑選一個最佳備案應急，從而盡力將自己和投資者的損失降到最低。

第 9 章

創業者篩選：投資是看人的藝術

　　影響企業發展的因素很多，企業能否成功具有很大的不確定性。這種不確定性使「人」這個因素在創業過程中顯得尤為重要。一個創業者如果能隨時隨地處理突發事件，具有很強的解決問題能力，那將是非常難得的。一些創業者過於追求對不確定因素的規避，儘管可以在一定程度上控制風險，但也有可能讓企業錯過發展良機。

　　投資者想做好投資，尤其是早期投資，必須能慧眼識英雄，即看到創始人的潛力。創業的過程其實也是創業者不斷進行自我學習、自我成長的過程。創業者不一定能意識到自己的潛力有多大，所以，能夠在專案早期、創業者還非常青澀的階段，就看到其未來發展的可能性，是優秀的投資者所具有的一種很了不起的能力，也是優秀的投資者之所以能獲得投資成功的重要原因。

　　所以，篩選綜合實力強的創業者，對投資者來說非常重要。真正有遠見和格局的創業者，會在為企業做決策時權衡利弊，而不會被短期的利益所矇蔽。投資者要從創業者的行為中了解其人品，這在某種程度上要比分析商業邏輯更重要。

9.1
如何尋找好的創業專案

投資者一般會依託自己的社交資源和熟悉的融資機構來尋找專案。因為在熟悉的人際關係裡，投資者能更準確地判斷團隊、專案、創業者個人等的背景與實際情況。以我曾經參與投資的幾個專案為例，Chime Bank 來自好友推薦、Gmail 來自 X-Googler（由曾經在 Google 工作的員工組成的團隊）、「Weee！」來自華人社群。

當然，投資者也可以透過其他管道尋找專案，但是，想成為一名優秀的投資者，建立自己的社交圈並擁有正面的回饋和名聲非常重要。

9.1.1
讓自己身邊的人引薦

如果有人信任投資者，願意將自己的社交資源引薦給投資者，這意味著他願意為投資者的表現承擔風險與連帶責任。這種信任，在投資過程中是非常珍貴的。

正在尋找專案的投資者，應該盡可能將相關資訊傳播到自己的社交圈。無論是家人、朋友，還是同事，他們都有可能為投資者引薦比較好的專案。如果為投資者引薦的人，恰好是創業者的熟人，那麼投資者在投資時可以更放心。這就是信任的力量。

9.1.2
充分利用社交平臺

　　運用社交平臺經營人際關係是一種十分常見的方式，此外，投資者還可以在知名的搜尋引擎上尋找與專案相關的資訊，如 Google。

　　現在網路越來越發達，線上尋找專案的方式，受到很多投資者的青睞。例如，投資者可以在媒體平臺上發私訊給手裡有專案的創業者，溝通專案相關問題。很多企業的 Facebook、IG 等社交平臺，都是對外公開的，投資者可以利用這些平臺的私訊功能，與創業者進行溝通和交流。

　　在業內有名氣或有影響力的投資者，通常具備強大的社交資源，投資經驗也很豐富，即使不需要對專案和企業進行詳盡調查，也可以放心地投資。此類投資者藉助社交媒體尋找專案，應該是一件很容易的事，但前期累積的人際關係必不可少。

9.1.3
經常瀏覽創業平臺

　　創業平臺上往往有很多知名的大眾創業老師、天使投資者，且平臺還會定期舉辦由專案創始人報名參與的路演（在公共場所進行演說、演示產品）。在路演時，企業負責對專案的市場前景、商業模式、團隊情況等進行講解，老師、投資者則會與之交流、探討。在這個過程中，投資者可能會找到自己比較心儀的專案。我平時也會針對學校、創業社群等特定人群和對象舉辦相關活動，從而找到志同道合的合夥夥伴和創業者。

在瀏覽創業平臺時，投資者對專案的投資決策，往往取決於其和創業者的思路是否一致。這種一致大多展現在愛好上。雙方可以圍繞共同的愛好，建立熟悉感和信任感。例如，約打一場網球或高爾夫，活動花費的時間不多，卻可以讓雙方迅速了解彼此。

創業者和投資者花時間去交流，在彼此之間建立起強大的信任關係，是非常有必要的。創業者身為某個行業或領域的專家，應該抱著一種分享觀點的心態，與投資者進行交流和溝通，而不可以總是一味地卑躬屈膝。對創業者和投資者來說，最好的關係應該是平等且相互尊重的，這樣的關係有利於雙方更好地進行接觸、談判。

除了創業平臺外，投資者旗下的企業，都會有自己的官網，官網上有專門用於接收專案郵件的信箱，但投資者透過這個管道找到優質專案的機率非常低，原因主要有以下兩點。

第一，需要透過向企業的信箱發送商業計畫書的方式來尋找投資者的創業者，往往缺乏、甚至沒有相關的社交資源。也就是說，投資者可能對這些創業者完全不了解。這些專案大多來自投資者不熟悉的領域，這對投資者判斷企業和團隊的實際情況，會比較困難。

第二，投資者每天會收到大量郵件，其中不乏創業專案，但這些專案的品質卻參差不齊。投資者想要從大量的郵件中找到有價值的專案，就要投入大量的時間和精力，而投資者的時間很寶貴，所以通常只會選擇 CP 值最高、較為節省時間的方式篩選專案。

綜合以上兩點來看，信箱中的商業計畫書，更適合作為投資者的備選方案。

9.1.4
與融資機構合作

在矽谷，有羅恩·康威（Ron Conway）、傑夫·克拉維爾（Jeff Clavier）、麥克·梅普爾斯（Mike Maples）等知名投資者，他們之中有一些是曾經創立過企業、又將企業賣出、手裡有資金的前創業者；有一些是投資領域的專業投資者；還有一些是投資基金的創始人。

投資者的時間非常寶貴，基本上不太可能每天都和創業者見面。但如果是業內知名的融資機構引薦的專案，投資者還是願意與創業者見面詳聊。因為融資機構往往經驗豐富，且對業內比較有前景的專案有一定的了解。

融資機構也很可能成為創業者的「敲門磚」，畢竟單憑一些融資機構的名氣，就足以讓部分投資者願意坐下來與創業者詳談。但投資者在做出投資決策前，還是要考察創業者究竟有沒有真本事，畢竟投資者不能無條件地成為每個創業者的「守護天使」。

需要注意的是，在尋找專案的所有管道中，與融資機構合作，是容易引起爭議的一個管道。有些融資機構做決策的速度比較慢、附加價值低，而且還會向企業提出比較苛刻的條款，從而使投資者和創業者之間的合作舉步維艱，甚至會讓投資者錯過優質專案。

如果投資者準備與融資機構合作，那應該提前對其聲譽和相關業務流程進行了解，也需要對其引薦的專案進行分析，盡量不要讓自己陷入被動局面。

9.1.5
社交達人霍夫曼的投資之路

在矽谷，有一個人，他一手打造了領英（LinkedIn）；曾經在 Pay-Pal 擔任 COO 一職，是推動 PayPal 發展的核心成員；又為 Facebook、Zynga、Groupon、Airbnb 等企業投資。他就是被稱為「社交達人」的里德‧霍夫曼。

很多有創業想法的人都想見霍夫曼，希望可以和他坐下來聊聊專案、談談技術。他有豐富的創業經驗，十分清楚地知道應該用什麼方法獲取第一批使用者、如何打造產品的差異化、如何在保持理智的情況下冒一些風險。

霍夫曼說過：「我的工作經歷，讓我有直覺判斷偉大的創業者應該是什麼樣的。」他認為，創業者要仔細考量什麼對企業最好、什麼對使用者最好等問題，這樣的創業者更值得投資者信任。換言之，投資者在投資時，要考察創業者，判斷他們是否知道如何打造更好的企業和更優質的產品。對創業者來說，一個比較明智的做法，是把自我放在一邊，在充分發揮能力的基礎上，請別人提意見和建議，此外，也可以做一些個人反思。

在投資時，企業對市場變化的防範措施與反應速度、對資源配置的優化方案等，也是霍夫曼非常看重的部分。簡單來說，一家優秀的企業要有不同的計畫，當 A 計畫行不通時，應該有 B 計畫、C 計畫、D 計畫、E 計畫等備用方案，否則就很可能陷入危機。

霍夫曼在投資時就是這麼做的，他為自己制定了一系列的計畫。例如，他在投資 PayPal 時（A 計畫），還在忙著建立自己的企業（B 計

畫），同時也在思考要不要投資另一個專案（C 計畫）。這樣，如果無法投資 PayPal 或不能從 PayPal 那裡獲得收益，那麼他至少還有 B 計畫、C 計畫獲利的機會，不會讓自己一無所獲。

在霍夫曼投資 PayPal 的過程中，有一個小插曲，也正是因為這個小插曲，才促成了一個非常好的創業主意。2000 年，PayPal 的年收入大約為 1,200 萬美元，但霍夫曼知道，如果 2001 年的年收入無法達到 1,500 萬美元，那麼 PayPal 就會面臨破產的風險。

在這種情況下，霍夫曼打算幫 PayPal 度過危機。於是他便與 PayPal 的核心成員一起討論企業未來的發展方向，並分析獲利狀況、成本結構。後來他提出了一個方法 —— 要在場的人想一個創業主意，幫 PayPal 設定一個 B 計畫。

當時霍夫曼的想法是，「所有人都應該建立一個極具個性化的檔案，讓自己可以在網路上找到想找的人」。這個想法看似沒有什麼特別之處，後來卻成為領英早期發展的縮影。2002 年，PayPal 被 eBay 以 5 億美元的價格收購，霍夫曼也獲得了相應的報酬。

從 A 計畫到 C 計畫、從創業到投資，霍夫曼似乎都做得不錯。這主要得益於他有豐富的社交資源，並願意向成功的人學習，進而發現潛藏在身邊的好專案。無論是與創業者進行電話溝通，還是面對面聊天，當創業者做了自我介紹及專案介紹後，通常他會立即聯繫創業者提到的中間人，以考核情況。只有確認中間人是可靠的，他才會繼續考慮是否要對專案投資。

對廣大投資者來說，社交資源的確非常重要。如果在每次投資前，投資者都可以藉助自己的社交關係網，找到 1 ~ 5 個、甚至更多中間人為專案背書，那這個專案的成功機率會更高。霍夫曼在選擇合作夥伴

時，也傾向於優先考量已經在其社交關係網中的人。

投資者隨意找專案，面臨的風險比較高，而社交關係網則為投資者提供了共享資訊的平臺。這對考核專案的真實性和後期的盡職調查來說非常重要，它可以降低專案失敗的機率。

霍夫曼曾經表示，他與祖克柏的相識，就得益於社交影片網站 Napster 的創始人西恩·帕克（Sean Parker）。所以，只要投資者的社交關係網夠大，又何慮沒有更多機會找到好專案呢？

在以矽谷為代表的專案聚集地，各投資者之間的競爭十分激烈。在這種形勢下，有些投資者卻能同時收到多份商業計畫書，這得益於他們的社交關係網。從這個角度看，與競爭對手抗衡的一個有效方法，就是比他們更快、更敏捷。當然，要達到這樣的效果，社交關係網必須夠大，社交資源也要夠豐富。就像霍夫曼，對他來說，錢可能不是最重要的，社交資源才更有價值。

9.2
對創業者進行分類篩選

為了讓投資更順利，也為了節省時間和精力，投資者應該將創業者分類，並以此為基礎，與創業者進行更進一步的接觸。

9.2.1
與投資者具備高匹配度的創業者

有一類創業者與投資者的匹配度非常高，這類創業者可遇而不可求。對投資者來說，他們是很好的「搖錢樹」。他們不會只是紙上談兵，也不會以一種高高在上的態度，對投資者提出的問題指手畫腳，或在獲得投資後，就什麼都不讓投資者插手。

其實很多時候，創業者身為企業的領導者，應該有自己的節奏，而投資者則可以為其提供有效的意見和建議。優秀的投資者知道「只幫忙、不找麻煩」的投資原則，但這絕對不是對任何事都不管。對此，我給投資者的建議是，在投資完成後，投資者可以把自己想像成是企業的一員，甚至將自己想像成企業的創始人之一。如果投資者基於平等的關係與創業者相處，那提出的意見和建議會更中肯，帶給企業的資源，才是真正的雪中送炭。

　　紐約一家遊戲企業 OMGPop 的創始人查爾斯·福曼（Charles Forman），非常幸運地拿到了有「矽谷教父」之稱的傳奇天使投資人羅恩·康威的投資。當 OMGPop 面臨破產時，羅恩不僅為其提供資金支持，還四處尋求讓企業走出困境的方法，並對創始團隊保持信心。而福曼則認真傾聽羅恩的想法，非常感謝羅恩為企業做的所有努力。

　　對羅恩來說，福曼是非常合適的創業者。兩人的合作結果也非常顯著：OMGPop 推出 Draw Something（你畫我猜）社交遊戲，一夜爆紅，成功地以 2 億美元的價格，出售給 Zynga。以福曼為代表的創始團隊，與以羅恩為代表的投資者，都獲得了可觀的報酬。

　　除了投資者和創始人之間的匹配度外，創始團隊中成員的匹配度也非常重要。如果他們的匹配度很高，那他們就可以攜手努力，將專案做得更好，讓企業獲得更好的發展。

　　以 Google 的創始團隊為例，其成員的匹配度就非常高。Google 的兩位創始人賴利·佩吉和謝爾蓋·布林都是電腦領域的專家，且他們的性格和能力非常互補：一個喜歡安靜，樂於思考；另一個比較外向，擅長處理細節。他們兩人不僅有技術基礎和行業遠見，還對自己的理想非常堅持，願意腳踏實地做事。

　　而後來加入 Google 的施密特也和賴利·佩吉、謝爾蓋·布林形成明顯的互補。施密特是電腦專家，對很多技術有深刻的理解和洞察，也有豐富的經營與管理經驗，能夠理解並尊重兩位創始人對技術的鑽研，幫助他們更有效地把技術和商業結合起來，找到有利於企業健康成長的經營與管理方案。

　　無論是經驗豐富的成熟創業者，還是初出茅廬的新手創業者，投資者一旦選中他們，就意味著看中他們的個人能力及其所做專案的潛力。投資者隨著創業者一路創業、一路成長，即使一個專案失敗了，只要這個創業者堅定不移，總有一天會有所成就。

　　eBay、PayPal 等網路企業，都有不離不棄的早期投資者。對投資者來說，如果之前一直投資，最後卻沒有投資創業者唯一成功的專案，豈不是很遺憾嗎？因此，身為投資者，應該意識到創投關係的重要性，在遇到與自己合拍的創業者時，要給予其足夠的信任，做好與其展開長期合作的準備，這樣最終會獲得雙贏的結果。

9.2.2
有想法，投資者無需過度插手的創業者

　　對投資者來說，創業者的想法和專案是否有潛力非常重要。為了獲得投資，有些創業者往往會盡可能向投資者輸出簡練、完整、重要且有效的資訊。另外，對於無法確定來源和精準度的行業新聞、知識等資訊，這些創業者也會在進行判斷後，有選擇地傳達給投資者。

　　如果投資者無法解決企業難題，沒有能力提供創業者所需的資源，卻試圖隨意打亂創業者的節奏，點評、指摘創業者的決定，那麼創業者將難以專注於業務發展。這不僅會阻礙企業進步，也會使整個投資過程充滿坎坷。

　　沒有投資者願意承認自己對創業者的幫助是搗亂，但事實上給創業者提供不需要的幫助，就是添麻煩。有的投資者對創業者很熱情，今天為其介紹一個人才，明天又設置一個飯局。這反倒會讓創業者感到困

擾。要知道，創業者有自己需要做的事，不可能有太多時間和精力去應付別人。而投資者也應該把重心放在創業者需要的地方，不能總是想當然地把自己的想法強加給對方。

在與創業者合作時，投資者不應該過度干涉創業者。如果投資者每天都為創業者安排一些不重要的事，在創業者管理企業時又指手畫腳，那創業者要如何專注於企業發展呢？因此，投資者要明白，是創業者在創業，自己最好盡量減少「噪音」。

9.2.3
需要投資者給予足夠信任的創業者

在投資過程中，投資者可能會遇到綜合實力比較弱的創業者。對此類創業者，投資者應該秉持正確的態度，同時要提高警覺，在謹慎分析專案和企業具體情況的基礎上，做出投資決策。這與結婚和戀愛的道理其實是一樣的。

在結婚前的戀愛甜蜜期裡，情侶眼中可能只會看到對方的優點，認為對方就是真愛，因此很容易忽略對方的缺點。如果投資者在投資時也是如此，只看到創業者的優勢，而對創業者的劣勢視若無睹，那就可能遭受損失。例如，投資者在投資後，也許會發現創業者只有創意，執行力不足，而且沒有很豐富的管理經驗。此時投資者往往只能對自己當初的決策感到後悔。

此外，因為創業者和投資者可能沒有那麼匹配，所以雙方出現衝突的機率也比較大。當投資者與創業者產生衝突時，很有潛力的專案也有可能因此以失敗告終。從這個角度來看，學會「投人不疑」，對投資者來

說有重大意義。如果投資者在經過仔細思考後,覺得專案很不錯、企業營運得也很好,決定向創業者投資,那就必須對創業者深信不疑。

投資者只要決定投資,就必須全心全意相信創業者,不要總是對創業者的能力產生懷疑。這是投資者應該有的素養。

9.2.4
有順序地接觸各類創業者

在設計與創業者接觸的順序時,投資者可以採用這樣的思路:先接觸有想法、自己無須過度插手的創業者;再接觸需要給予足夠信任的創業者;最後接觸與自己匹配度高的創業者。對投資者來說,這麼做可以提高投資的成功率,也有利於為自己留下最好的「後路」。

與投資者匹配度高的創業者,一般會有比較豐富的實踐經驗,對企業和專案也有比較深入的了解。如果投資者與他們合作,投資工作會更得心應手,投資效率也會更高。但是,投資者最好在最後接觸此類創業者,因為他們在尋求投資的同時,也會對投資者的綜合實力進行考量,很有可能要求投資者提供比較多的資金和資源,進而影響投資的成功率。

反之,綜合實力弱一點的創業者,雖然與投資者不是那麼匹配,但他們對投資者往往沒有太高的要求。如果他們的專案的確不錯,那麼投資者在投資時也能更有把握。

2021 年,投資者查爾斯(Charles)與一家初創的晶片設計企業達成投資協定。近幾年,他已經成功投資了很多家企業,尤其是網路領域的企

業。並且在投資過程中，他充分展現自己的投資智慧，除了極少數的失敗案例外，他進行的大部分投資，都獲得豐厚的報酬。

其實早在 2016 年，查爾斯就憑藉敏銳的投資「嗅覺」，發現一家具有巨大發展潛力的企業，並向其投資 200 萬美元。2017 年，他又繼續向這家企業投資 1,000 萬美元，並成功獲得 33％的股權。在第二次投資的兩個月後，這家企業就順利上市了，他也憑藉自己的超高股權比例，賺得盆滿缽滿。

另外，查爾斯還將目光投向人工智慧領域，向一家致力於研發人工智慧的企業投資 400 萬美元，獲得 21％的股權。這家企業憑藉投資「起死回生」，在短短一年半的時間內，就在美國的那斯達克順利上市。這家企業上市後，查爾斯在股價最高時出售自己的股份，成功套現上千萬美元，獲得驚人的報酬。

查爾斯不斷投資，獲利頗豐，一方面是因為他能慧眼識珠，另一方面是因為他的經驗很豐富，管理能力強。同時，這也得益於他對投資範圍不設限，不會只選擇已經成熟的專案，而是願意給經驗尚淺的創業者機會。

像查爾斯這樣，以「撒網」的方式做投資是可以的，但前提是要有強大的心理素養和能夠識別好專案的慧眼，否則投資者還是應該按照既定的順序與創業者接觸。

9.3
與創業者接觸的四大關鍵問題

創業者與投資者是利益共同體,雙方的目的都是讓企業快速增值,最終順利上市。為了達到這個目的,雙方必須進行深入接觸,把一些事講清楚。對投資者來說,見面之前的準備、見面的時間和地點、是否要帶其他人赴約等,都是需要認真考量的問題。這些問題與投資能否成功有很大關係。

優秀的投資者在與創業者接觸的過程中,可以看出創業者的潛在價值,也會利用自身資源去成就創業者。

9.3.1
與創業者見面之前,需要做什麼

在與創業者見面之前,投資者最應該做的,就是對其背景、過往經歷等進行調查。投資者可以先和創業者交換名片,然後再去網路上查詢與其相關的資訊。如果網路上沒有披露過創業者的資訊,那麼投資者也可以直接詢問創業者是否了解專案所處行業,了解其對行業的關注程度。

在矽谷，一些比較成熟的投資機構，都會用自己的方法來追蹤和整理專案資訊，也會將透過社交資源接觸到的專案、創業者名單、創業者聯繫方式等，都羅列出來，然後再有針對性地與創業者接觸，從而提升自己尋找專案和進行投資決策的效率。

豐元資本為了進行投資，開發了自己的專案資訊整理平臺。所有豐元資本接觸過的專案，其相關資訊和數據，都被準確地記錄在平臺上，以便投資團隊更有效率、精準地追蹤專案情況，也便於團隊內部溝通，從而提升決策效率，為創業者提供更優質的服務。

投資者應該提前了解創業者的風格、會關注哪些部分、會提什麼樣的要求等問題，從而更有針對性地去做準備。

9.3.2
如何選擇見面的時間與地點

關於如何選擇見面的時間與地點，通常是投資者掌握主動權，提前通知創業者。當然，也可以由創業者自行選擇，投資者按時赴約。例如，我在投資比較成熟的專案時，通常會邀請創業者在辦公室、會議室等比較正式的地點見面。

但如果是投資早期專案，那我認為時間和地點的選擇可以隨意一些。像我本人比較熟悉的、位於美國帕羅奧圖（Palo Alto）市的一家酒店，就是很多投資者和創業者相約見面、吃飯、談專案的地點。甚至經常會有人將一些不錯的創業想法，寫在該酒店的餐巾紙上。當然，也有

很多投資協定是在這家酒店的餐桌上簽署的。可以說,這家酒店見證了很多好專案的誕生。

此外,也有一些投資者會選擇和創業者在網球場、高爾夫球場見面。但無論在什麼地點,雙方最應該注意的,就是守時問題。對投資者來說,創業者按時赴約,展現的是可信度。如果之前已經約好時間和地點,但創業者卻遲到很久的時間,那麼投資者還能放心投資嗎?答案可想而知。遲到會損害一個人的信譽,這一點是投資者和創業者都應該注意的。

9.3.3
創投雙方見面,要不要帶其他人

在與創業者見面時,一些投資者會選擇自己去,一些投資者則會帶重要合夥人去。以我個人的觀點來看,雙方都不應該帶不相關的人赴約,這是出於尊重和保密的考量。

在投資領域,沒有提前通知,就帶其他人一起赴約,是不尊重對方的表現;溝通內容如果涉及隱私與保密性問題,那麼帶其他人赴約更是大忌。例如,有的創業者會帶上一輪的天使投資者赴約。這反映了一個問題:創業者本人對投資並不了解。其實,除非天使投資人是專案的介紹人或推薦者,否則是不適合旁聽雙方對話的。

我與很多創業者有過交集,其中一些創業者帶來的人,真的超乎我的想像。例如,我曾經與一個創業者約好在某酒店談專案,結果他帶女朋友來和我見面。更有甚者,還會在與我談專案時帶著孩子,結果孩子在旁邊玩得很開心,我們的談話卻根本無法有效進行。

如果為了讓自己更有底氣，那麼創業者可以帶團隊其他成員與投資者見面，但必須注意團隊默契，否則會讓投資者留下不好的印象。例如，我之前與矽谷的一個創業團隊見面，對方有三個人，但這三個人在很多問題上都沒有達成一致的意見，他們「你一言，我一語」，最後甚至爭吵了起來。他們讓我留下這個團隊不夠穩定、團結的印象。可想而知，我沒有向他們投資。

總體而言，無論是創業團隊，還是投資團隊，在與對方見面時，比較好的做法是：代表進行發言，其他人補充，或者大家也可以分工合作。例如，CEO 負責介紹企業的策略、業務、發展方向，CTO 負責介紹技術、產品等情況。這樣的配合就比較默契，會更容易得到對方的信任。

9.3.4
怎麼判斷是否會有下一步接觸

創業者要判斷投資者是否會與自己進行下一步接觸，關鍵在於看投資者的結束語是什麼。如果投資者明確表示想與創業者進一步交流，那麼就說明他已經對專案產生一定的興趣；如果投資者回應可以等到 A 輪時再投資或表示暫時不考慮投資早期專案，那麼就是在委婉地拒絕。

另外，創業者需要知道的是，如果投資者真的對專案有興趣，那麼很大機率會在面談後的一週內給出回應。如果創業者等了三週，甚至幾個月的時間，投資者還是沒有任何回應，那就意味著他對專案沒有興趣。

但對投資者來說，最關鍵的事，不是判斷創業者是否會有下一步接觸，而是注意以下幾點。

☐ 不管遇到哪種類型的創業者，投資者都必須表現出應有的格局和素養。例如，遇到剛涉足某個行業的創業者，投資者要保持足夠的耐心；遇到非常了解行業的創業者，投資者要與其進行深入溝通，如分析行業趨勢、探討專案發展新思路等。

☐ 選擇與創業者交流的管道，是面對面、電話，還是私訊？不同的管道會產生完全不同的效果。如果是面對面，那投資者可以參照上一個小節的內容；如果是電話，那投資者可以試著了解更多與專案相關的資訊；如果是私訊溝通，那投資者就要有所保留，小心謹慎。

☐ 不要長篇大論講無關緊要的內容，因為這些很消耗彼此的時間和耐心。投資者要引導創業者講一些重要的內容，如成功的原因是什麼、企業是如何切入市場的⋯⋯等。

☐ 投資者在與創業者溝通完專案後，一定要在結束的第一時間了解並考核他的具體情況，如教育背景、過往經歷、專案研發流程等。

其實早期的投資往往沒有一個精確標準，有時可能因為某句話或某個表情，就決定了雙方是否會有下一步接觸。而且，在投資時，大多數投資者都會對專案進行多次稽核，之後才會提交投委會討論通過。所以，即使雙方已經見過很多次面，也不意味著投資就可以成功。但如果雙方在見面後，都覺得可以有下一步接觸，那就要為復談做好準備。

總之，大家記住一點：復談次數越多，投資成功的機率越大。

第 10 章

盡職調查：抓住「三板斧」不放鬆

　　盡職調查又稱謹慎性調查、盡責查證，是投資者在與企業達成初步合作意向後，經過雙方協商一致，投資者對與投資相關的事項進行調查的一系列活動。盡職調查有「三板斧」：業務調查、財務調查、法務調查。投資者要抓住這「三板斧」不放鬆。

10.1
業務調查：認清企業的經營實質

在盡職調查中，業務調查處於核心地位，財務調查與法務調查都圍繞它展開。投資者在進行業務調查時，會優先考量四個面向：企業基本情況、行業發展方向、經營狀態、股權調查。業務調查的結果會影響、甚至決定投資者對一家企業的評價。一旦有了公正、嚴謹的業務調查報告，投資者就能以此為依據，做出更有利於自己的投資決策。

10.1.1
一切從了解企業基本情況開始

在進行業務調查時，企業的基本情況是非常重要的一部分，具體包括管理團隊、產品或服務，以及市場、資金運用、風險分析等多個方面。

1. 管理團隊

在對企業的基本情況進行了解時，投資者應先了解其管理團隊。一個成熟、有效率、穩定的管理團隊，深刻影響著企業的當下狀態和長遠發展，是企業成長的基石。

首先，投資者要看核心成員的任職情況及其是否有任職資格；其次，投資者要調查核心成員以前任職過的企業的營運狀況，和現在任職企業

的發展情況；再次，投資者可以透過與核心成員就企業發展規劃等問題進行交談，對其實際管理能力和工作態度進行了解；最後，投資者可以了解核心成員的薪酬與兼職等情況。

投資界有一個公認的理論──早期投資主要就是「投人」。投資者更青睞具備豐富從業經驗、擁有強大政商資源、技術扎實、學習效率高、表達能力與溝通能力強的團隊。

2. 產品或服務

一家企業除了要有優秀的管理團隊外，還要有先進、有序的生產線、品質高的產品，以及貼心、周到的人性化服務。有條件的投資者，可以對企業進行實地走訪，參觀營業地點和技術研發實驗室，了解產品的生產設施是否先進、生產流程是否複雜……等問題。

對投資者來說，實地走訪意義重大。投資者可以實地了解企業的營運情況，與工作人員溝通，了解其工作積極度，獲取更多有關企業的重要資訊。最重要的是，面對面交流，可以讓投資者對創始人及其團隊做出更準確的判斷，這在早期投資階段尤為重要。

面對網際網路及 SaaS 服務類的企業，投資者應該親自使用產品，站在使用者的角度理解和判斷產品的好壞。例如，正是因為我的管理合夥人一家都是「Weee！」的忠實使用者，所以我才成功地發現這家生鮮電商行業的「獨角獸」企業。

3. 市場、資金運用、風險分析等

投資者在對企業的產品或服務有一定的了解後，下一步就要了解產品或服務的市場。例如，了解產品或服務屬於什麼行業；國家或地區對這種行業的態度如何；市場中有哪些同行企業；其發展規模如何……等。

另外，投資者還要了解企業的產品或服務的市場規模大小、市場結構及市場分配情況。在此基礎上，投資者可以對產品或服務以後的發展前景進行評估與預測，從而了解產品或服務的生命週期。

投資者還要對企業的資金運用情況有一定的了解。

以美國的 Solyndra 公司為例。美國政府曾經批准給予 Solyndra 高達 5.35 億美元的貸款，該公司因此在短時間內成長為行業新星，並被認定為「保障美國經濟成長當之無愧的引擎」。充足的資金支持和順利的發展過程，讓 Solyndra 的擴張變得盲目，它甚至將閒置資金投入房地產行業。

Solyndra 旗下的工廠長期高負荷運轉，但成本難以降低，甚至遠超過產品原件的價格。最終在政府已經兌付高達 5.27 億美元的貸款後，Solyndra 宣布關閉工廠，申請破產。一個冉冉升起的明星企業就這樣倒閉，當時此事件在矽谷投資圈引起廣泛討論。

由此可見，企業的資金運用真的十分重要，是投資者需要特別注意的問題。當然，風險分析也是不可缺少的。投資者可以與企業相關人員進行談話，深入了解企業經營過程中發生的重大事件及重大變動，並與同行業企業發生過的重大變動進行對比，結合企業各方面的情況，對企業的業績及持續經營可能帶來的不利影響進行分析。

10.1.2
分析行業發展方向，識別企業潛力

透過對行業發展方向進行分析，投資者可以更了解企業的發展潛力和成長空間。投資者可以從市場規模、監管政策、競爭態勢和利潤水準

四個面向來分析行業發展方向。

1. 市場規模

投資者在進行業務調查時，不應忽略考察企業的市場規模，因為如果產品的市場容量不大或沒有市場容量，那很有可能會面臨失敗。在分析市場規模的過程中，投資者要做到以下幾點：首先，要了解企業生產的產品在目標市場中的銷售情況；其次，要了解目標市場的變化，分析同類產品的生產量、銷售量，以及消費者的收入水準與消費習慣等；最後，要透過定性分析和定量分析，綜合考察產品以後可能出現的消費趨勢變化。

2. 監管政策

與企業所生產產品相關的政策、管理措施及在未來可能會發生的政策變化等，也是投資者在進行業務調查時需要加以考量的。因為與產品相關的政策，會影響產品的生產和企業的發展，還會影響企業對一系列長遠策略的布局。

各國的監管政策和法律法規，會對企業及產品的發展造成一定的影響。例如，美國政策監管的主要方向是反壟斷，而且，監管的主要對象大多是已經有規模的大廠企業，這就給很多小企業突圍的機會。

因此，投資者在做業務調查時，要將這個因素考量進去，以便更能了解企業的發展現狀，從而更精準地預見企業的未來。

3. 競爭態勢

全面的業務調查一定要包含對競爭態勢的分析，即確定企業的主要競爭對手，並從企業的角度出發，分析競爭對手的策略地位，同時也要

確定主要競爭對手的優勢與劣勢。對投資者來說，了解企業的競爭態勢是了解企業的關鍵切入點，必須重視。

　　競爭態勢反映整個市場的環境和特點。了解競爭態勢，投資者更能判斷企業未來會面臨的競爭壓力和競爭挑戰。在紅海市場中，很多企業在產品或服務方面的差異比較小，導致初創企業面臨的競爭壓力很大，其投資 CP 值相對於藍海市場的企業要低一些。

　　藍海市場往往有更好的機會可以讓創業者大展拳腳，投資者要做的就是盡可能快速幫創業者布局未來。這也是豐元資本一直推崇的「布局在浪潮來臨之前」。

　　另外，投資者還需要注意的是，當新興市場的發展潛力得到證明後，隨著更多布局者入場和更多投資者介入，企業野蠻生長的空間和機會將被迅速壓縮。因此，新興市場（如當年的網路市場）留給企業快速發展的期限通常非常短。在這種情況下，企業能否抓住轉瞬即逝的機會，可能會直接影響其發展，也會影響投資者的報酬。

4. 利潤水準

　　利潤水準是判斷企業所處行業賽道是否優質的重要依據，也是企業規劃發展策略的重要基礎。影響利潤水準的因素主要包括成本利潤率、產值利潤率、資金利潤率、銷售利潤率、薪資利潤率等一系列指標。投資者在分析各種利潤率之間的關係時，可以發現其發生變動的原因，從而找到幫助企業提升利潤水準的方法，推動企業不斷發展。

　　但很多時候，企業的價值不是完全由利潤水準決定的，而是受到各方面因素的綜合影響。一些優秀的企業，甚至可以擺脫利潤水準的影響，建立自己的價值體系。例如，特斯拉不僅是全球新能源汽車行業的領軍企業，更是企業營運和商業模式的優秀範本。

傳統汽車企業往往在汽車成功售出後才能收回成本。而在以訂製化購買為基礎的商業模式、使用者先期支付訂金及非常低的存貨量……等因素的作用下，特斯拉擁有很充裕的現金流。

在利潤水準方面，特斯拉可能不是最有優勢的，但其憑藉商業模式等因素獲得成功。2020 年，特斯拉的市值正式超過豐田、福斯、本田這三家全球規模最大的汽車製造商的市值總和。

除了利潤水準外，投資者還要從商業模式、庫存、營運策略等方面分析企業的潛力，從而更能保證投資決策的正確性。

10.1.3
確立經營狀態：客戶、供應商、對手

對企業的經營狀態進行調查十分重要，因為這樣能使投資者對企業的客戶、供應商及競爭對手的數量與發展現狀有深入的了解。

1. 客戶、供應商的情況

客戶可以對企業及產品提出最直觀的回饋意見，而這些意見往往是企業提升實力與優化產品的關鍵。因此，在業務調查過程中，身為投資者的客戶，可以了解企業及產品的優勢、弊端的突破口。一家客戶群體龐大的企業，無疑有良好的經營狀態和發展前景。而一家有穩定又龐大客戶群體的企業，其管理團隊也會有出眾的管理能力和優秀的決策能力。

供應商的數量從側面反映了企業的經營狀態。投資者要明白，一家企業的供應商數量並不是越多越好，而是最好維持在一個適當的範圍

內。同時，企業要有穩定、長期合作的供應商，這樣在行業發生變動時，企業可以盡可能地減少受到影響。

為了保證產品正常生產，並按照規劃的上市時間高品質交付，蘋果公司產品的所有零部件，都會由兩個或以上的供應商供給，從而最大限度地降低不確定因素為產品帶來的影響。此外，蘋果公司會有意識地將業務分攤給供應商，推動其健康發展，以培養自己的穩定供應管道。

2. 競爭對手的情況

投資者在做業務調查時，需要了解企業所在行業競爭對手的數量及競爭對手的經營狀態。

為此，投資者應做到以下幾點：首先，要明確競爭對手的數量，了解企業目前處於什麼樣的行業大背景，了解企業所從事行業的市場競爭程度，並找出幾個主要的競爭對手；其次，要了解競爭對手的基本情況，包括生產能力、實際年產量、年銷售數量、市場占有率等。

投資者在分析競爭對手的現狀時，可以採用競爭態勢矩陣（competitive profile matrix，CPM）分析法，找出企業與競爭對手的優勢和差距，判斷企業的綜合競爭力。

A 網站是一個創立於 2005 年的線上旅遊網站，也是一家創新型科技企業。該企業致力於為客戶提供全面、詳細的旅行資訊，同時為客戶提供機票、飯店預訂等服務。而它的競爭對手 B 網站則是一家提供線上票務服務的企業，為廣大旅遊愛好者提供飯店預訂服務。根據二者的發展策略及其對各類數據的重視程度，其 CPM 分析如表 10-1 所示。

表 10-1 A、B 網站 CPM 分析

關鍵成功因素	權重	A 網站		B 網站	
		評分	權重得分	評分	權重得分
用戶規模					
商家數量					
市場占有率					
財務情況					
用戶忠誠度					
產品與服務					
價格競爭力					
管理經驗					
總計					

　　CPM 分析可以幫助投資者更清晰地了解企業與其競爭對手之間的優、劣勢對比情況，更充分地了解競爭對手的狀態，並對企業有更準確的判斷。

10.1.4
調查股權，看透企業股權風險

　　股權調查的重點包括股權變更及相關工商變更情況、控股股東或實際控制人的背景。

1. 股權變更及相關工商變更情況

投資者對企業股權變更情況的調查，主要集中於企業經營過程中，股權變更是否符合規範，以及股權變更的原因是什麼。投資者在對企業做這部分調查時要注意：在股權變更的過程中，股東是否放棄了優先權、轉股的價款是否已經支付、股權轉讓是否履行法律程序等。

投資者之所以要關注股權變更是否符合規範，是因為有的企業會在股權變更過程中犯低階錯誤，這會為企業日後的發展埋下隱患。

某企業分不清轉股和增資，投資協定上明確寫的是增資，也清楚標注了多少錢計入註冊資本，多少錢計入公積金。但事實是，增資款被分給其他股東，註冊資本的金額絲毫未變，且章程裡沒有出現投資者的名字，也沒有工商登記證明。這個問題在幾輪融資後才被發現，最終經過很長時間的協調和溝通，才得以妥善解決。

此外，一些企業存在股權代持的情況，且這種情況通常比較難考核。但此類風險一旦爆發，就會讓投資者遭受嚴重損失。

2. 控股股東或實際控制人的背景

信譽良好的控股股東或實際控制人，對企業持續發展所產生的積極作用是毋庸置疑的。

首先，投資者要對股東結構進行了解，找出主要股東，調查其背景、在企業內持有的股權比例、主要負責的業務、資產狀況如何等。

其次，投資者要了解企業與主要控股股東或實際控制人之間的業務往來情況，如原材料的供應、產品的合作研發、是否涉及專利技術和智

慧財產權的共同使用等。另外，投資者也要了解企業與主要控股股東或實際控制人之間的資金往來情況。

最後，投資者要了解企業的主要控股股東或實際控制人對企業的發展提供了哪些支持，包括對企業的資金支持、研發支持、市場擴展和技術支援等。控股子公司的相關數據，如名稱、主要業務、資產情況、財務情況、獲利與否等，投資者都有必要對其進行了解。

10.2
財務調查：讓投資者極速「掃雷」

投資者進行財務調查的目的，是了解企業的財務與資金運轉情況，客觀分析企業的優、劣勢，對企業的發展趨勢進行預測，並對企業進行信用評估。在對企業進行財務調查前，投資者一般會先列出調查的主要內容，從而全面、有效地獲取更多財務資訊。

10.2.1
稽核現金流、獲利及資產事項

現金流代表企業的現金流量，會大大影響企業的發展。足夠的現金流可以讓企業煥發生機，也可以使企業有更多面對未來機遇與挑戰的底氣，這就是它的真正意義。我在投資時也會遇到有利潤但沒有錢的企業，甚至很多企業會借錢繳稅。

企業對現金流進行正確和有效的管理，能夠在降低財務風險的基礎上，賺取更多收益。例如，蘋果公司將大量現金用於購買理財產品，獲得一定的報酬。鑑於現金流的重要性，投資者要對其使用情況，尤其是對購買相關產品的原因與合理性，進行準確評估。

投資者要保證企業的現金使用必須建立在有充足流動資產的前提下，且流動資產可以有效覆蓋債務。更重要的是，如果企業將現金用於理財，那就必須保證該筆現金在短期內沒有其他可以更進一步促進企業發展的使用方式，如產品研發、裝置採購等。

若企業將現金用於非經營性業務，那投資者就必須重視、並對其進行稽核。例如前面提到的美國太陽能公司 Solyndra，將大量現金用於投資與經營業務不相干的房地產，投資者卻沒有及時對其進行審查和制止，結果公司在現金流吃緊時無法周轉，產業鏈斷裂，公司宣布倒閉。這不僅在全美引起軒然大波，還導致投資者損失慘重。

獲利能力代表企業利用現有資產創造收益的能力，是衡量企業價值的一個重要因素。同時，獲利能力也可以反映管理階層的管理水準和經營業績。企業的獲利能力越強，投資者獲得的越多，該企業就越有投資價值，在獲取貸款、吸引投資等方面，也越有優勢。

獲利能力已經成為各利益相關者密切關注的部分。而如何正確、公正地評價企業的獲利能力，是財務分析的重點，也是投資者做出正確投資決策的依據。例如，近幾年，網路影音平臺發展迅速，規模日趨龐大，累積了大量使用者和流量，各平臺收益頗豐。擁有較強的獲利能力，成為投資者對這些平臺進行投資的一個重要原因。

除了現金流和獲利能力外，資產也非常重要，它可以反映企業產生經濟利益的能力。投資者可以透過以下指標，了解企業的資產情況，如圖 10-1 所示。

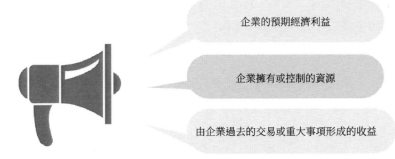

企業的預期經濟利益

企業擁有或控制的資源

由企業過去的交易或重大事項形成的收益

圖 10-1 企業的資產情況

投資者在對資產進行調查的過程中，應該注意檢視企業的資金明細表，查核大額貨幣資金的流出和流入情況。並透過分析業務背景是否合理，進一步判斷可能發生的風險。此外，企業的應收應付款項、現有存貨、固定資產、無形資產、借款、擔保抵押、對外投資、資產規模、無形資產與有形資產比例等，也都應該納入資產調查的範疇。

10.2.2
預測企業的未來價值

投資者可以透過檢視和分析現金流量表、資產負債表、損益表等財務報表，對企業的未來價值進行預測。透過對財務報表進行分析，投資者不僅可以對企業過去的業務情況和現在的獲利狀況有所了解，還可以對企業的未來價值進行預測與估算。

透過財務調查，投資者可以對企業的財務數據進行分析和評估，並對管理團隊進行業績評價，判斷其是否具有挖掘企業市場優勢的能力，從而進一步思考對其進行投資是否能獲得可觀的報酬。另外，投資者透過分析財務報表，還可以對企業之後的財務決策和財務預算進行預測，

從而準確地評估企業的未來價值及可能創造的收益。

在對企業的未來價值進行預測的過程中，投資者可以參照一些指標，包括預期現金流量、本益比、營收成長率、加權平均資本成本、市場價格與帳面價值比率、普通股權益帳面價值等。透過對這些指標進行分析，投資者可以預測企業的未來價值，最終決定是否投資。

10.2.3
分析三張財務報表

所有企業都會有三張財務報表，分別是資產負債表、現金流量表、損益表。投資者在進行財務調查時，要著重分析這三張財務報表。

1. 資產負債表

分析資產負債表的目的是了解企業的財務狀況及財務的變動情況，評價會計對企業經營狀況的反映程度。投資者可以以此為依據，對企業的資產和權益的變動情況及企業的財務現狀，進行客觀的評價。資產負債表分為資產、負債和股東權益三個部分。這三個部分構成「資產＝負債＋股東權益」的會計等式，如表 10-2 所示。

表 10-2 資產負債表組成部分

項目	金額	項目	金額
資產（可用的錢）		負債（借來的錢）	
		股東權益（自己的錢）	
資產總計		負債與股東權益總計	

投資者在分析資產負債表時，可以透過股東權益比率、固定資產淨值率、資本化率等指標來判斷企業財務結構的合理性。

2. 現金流量表

如果企業沒有現金流，就會缺乏購買與支付的能力，從而影響企業的穩定發展。現金流就好像企業的「血液」，企業若想獲得健康、長久的發展，就要保證「血液」循環順暢。因此，分析現金流資訊，對投資者判斷企業的投資價值有重要作用。

透過分析現金流量表，投資者可以了解企業籌集與生成現金流的能力，也可以獲取企業加強經營管理及合理使用資金的重要資訊。

在分析現金流量表時，為了有效率和品質，投資者最好遵循以下流程。

1. 對企業的投資活動和籌資活動產生的現金流進行分析。
2. 查核企業經營活動產生的現金流及其變動情況，判斷其資產流動性、獲利能力、償債能力及資產風險。
3. 對現金流量淨額持續為負或遠低於同期淨利潤的企業，投資者要進行專項查核，並判斷其真實的獲利能力和持續經營能力。
4. 對企業最近三個會計年度內的經營活動產生的現金流淨額，進行必要的複核和測算。

投資者需要注意，有時現金流量表難以真實地反映企業的當期資金情況。例如，某些企業會透過臨時還款的方式，在年末收取現金，等到第二年年初，又將現金還給債務人。這樣既增加企業的年末現金餘額，又沖減了應收款項，使資產負債表和現金流量表看起來非常有吸引力。若投資者沒有注意到這一點，就很容易被迷惑。

3. 損益表

分析損益表能夠驗證企業在某一特定會計期間內的經營成果是否真實、可靠，從而獲得有效的財務資訊。投資者應該注意考察企業的資本利潤率，對相關明細表進行稽核，看企業的利潤是否真實及有沒有按照法定比例提取資本公積和盈餘公積。

此外，投資者要稽核損益表中的銷售收入、銷售成本、期間費用、非經常性損益專案。

❐ 在銷售收入方面，投資者要確認企業是否有提前或延遲確認收入和虛報收入的情況；確認企業在會計期末是否有突擊確認銷售、收到銷售款項後是否存在不正常流出的情況；確認銷售收入變化及交易產生的經濟利益流入情況；確認收入及其構成的變動情況是否與行業和市場同期的變動情況相符；確認企業的銷售核算與經銷商的銷售核算是否一致；分析產品價格變動規律及其對企業收入變動產生的影響。

❐ 在銷售成本方面，投資者要根據企業的生產流程和相應的業務管理檔案，確認企業進行成本核算的方法是否保持一致；了解產品的成本及構成情況；查核期末產品餘額，關注期末存貨是否存在異常情況，判斷有沒有應轉未轉成本的情況。

❐ 在期間費用方面，投資者要結合營業費用明細表，根據企業的銷售情況，分析營業費用是否完整；透過對每年營業收入進行分析，查核營業費用變動趨勢是否與之前一致；透過與歷史數據比較、檢查相關憑證等方式，查核是否存在異常的管理費用；審查控股股東、實際控制人或關聯方占用資金的情況。

☐ 在非經常性損益專案方面，投資者要查核非經常性損益是否符合相
關規定，查核非經常性損益的來源、取得依據、相關憑證和相關款
項是否正確；利用業務背景和數據，分析重大非經常性損益專案的
發生是否具有合理性及計價是否公允；透過計算非經常性損益所占
當期利潤比重，分析企業可能發生的風險。

10.3
法務調查：瞭如指掌而後行

法務調查是投資者為了避免資訊不對稱可能帶來的重大交易風險，而在投資前對企業設立、重大合約簽訂、訴訟或仲裁及稅務等情況進行合法調查的活動。想對企業瞭如指掌，投資者必須對其進行法務調查。

10.3.1
了解企業設立及歷史沿革問題

投資者要了解企業設立及歷史沿革問題，可以從以下幾個方面入手，如圖 10-2 所示。

圖 10-2 企業設立及歷史沿革問題調查

1. 企業基本情況

　　了解企業的基本情況，投資者可從以下幾個方面著手：第一，查核企業的名稱是否符合相關規定、與馳名商標是否重複、是否經過相關部門核准等；第二，查核企業的法定住所是否為住宅用房，實際使用的經營場所與工商登記的是否一致；第三，了解企業現在的法定代表人是誰，從創立之初到目前為止是否變更過，並辦理相關登記，法定代表人是否具有相應的任職資格；第四，查核企業所擁有或使用的土地使用權數據，包括地址、面積、權屬、取得方式、使用期限等；第五，檢查企業使用、租賃的房屋等不動產，是否具有相應的證書；第六，調查企業是否存在重大違約行為。

2. 企業資格和證書

　　投資者要查核企業的營業執照、成立及歷次變更註冊資本的相關評估報告、驗資證明及主管部門的批准檔案等，同時還要對企業從事經營範圍內活動所需要的經營許可證書、資格證書及申請獲得的相關許可證證書、授權許可等進行查核。

3. 企業章程及修改

　　企業章程是股東一致同意並依法制定的基本檔案，其中規定了企業名稱、經營範圍、住所及經營管理制度等重大事項，是企業成立的基礎條件。企業章程作為企業的核心檔案，應該符合相關的法律、法規規定。投資者應該對企業章程的所有條文進行審查，看其是否存在不合法、不合理的規定。

　　除了對以上幾個方面進行調查外，投資者還要分析企業的獨立性，包括：企業業務體系是否獨立、完整，是否有獨立的經營能力，人員、

機構、業務、財務、資產等是否獨立。投資者也應該考察企業的規範運作問題，主要對企業的「董監高」（董事、監事和高階管理人員）相關問題、內部控制、治理結構、生產經營、資金管理等情況進行調查。

10.3.2
判斷企業有無重大債務

投資者應該對相關數據進行詳細稽核，分析企業是否有將要履行、正在履行或有可能產生潛在重大債務的合約、協定或其他有約束力的檔案。這裡所說的合約、協定、檔案包括但不限於圖 10-3 所示的幾種。

合約是最能直接展現企業債務情況的書面檔案，投資者要將其視為法務調查的重要內容。另外，債務人名單、相關債券與債權數量清單，債務協定或其他能證明發生債務關係的檔案等，也是投資者需要調查的重點。

投資者還需要調查企業是否存在應該償還但還沒有償還的債務。在具體操作時，投資者可以詢問相關負責人，如果發現企業有這種債務，那投資者要向其索要該債務的情況說明及相關檔案。

企業是否進行債務人擔保或反擔保也非常重要，若有這種情況，企業要提供相關法律檔案，這些檔案包括但不限於抵押、質押或其他擔保清單。此外，投資者要稽核涉及抵押權、質押權或其他擔保權的協定及其相應的公證、登記證明，並要求企業提供擔保一方的章程、與簽訂擔保合約相關的內部授權審批決議、審計報告及其他相關檔案。

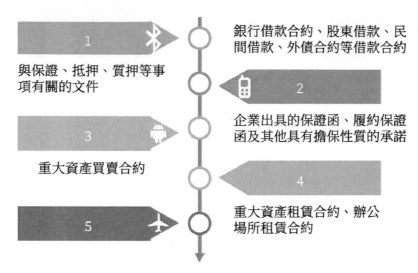

圖 10-3 可能有重大債務的合約、協定、檔案

企業應該主動向投資者出具沒有記載在財務帳本，但需要承擔重大責任或債務事項的相關檔案。投資者也應將企業的訪談調查筆錄及其他與企業重大債務相關的檔案納入法務調查範疇，對其進行仔細、謹慎的考核。

一些初創企業的帳目不清楚，財務檔案比較混亂。對此，很多投資者會建議其重新成立一家企業，用這種簡單、有效的方式，改善其過往的財務情況。

10.3.3
審查企業的重大合約

企業的重大合約通常是指企業已經簽訂的、正在履行或尚未履行的、對合約主體產生重大影響的合約。對重大合約進行審查，最關鍵的

就是對其可行性與合法性進行審查。在法務調查期間，投資者通常會要求企業提供重大合約。但因為合約是否屬於重大合約，是由企業判斷的，所以可能會出現企業漏交重大合約的情況。

　　基於此，如果投資者發現了疑似重大合約的合約，那應該要求企業盡快提供。通常來說，具備下列條件之一的合約，可以被視為重大合約，如表 10-3 所示。

表 10-3 重大合約

序號	重大合約條件
1	期限在 1 年以上，或者合約金額排在前 10 位的購買合約、銷售合約
2	標的額在 100 萬元以上的買賣、建設工程、設計、委託加工合約，需注意的是其具體標的額應當根據企業實際情況確定
3	涉及併購、資產置換、合資合作等合約
4	涉外合約、擔保合約、租賃合約、代理服務合約
5	借款合約、合約承辦人認為的其他重大合約
6	涉及土地、房屋等不動產產權變動的合約
7	對企業生產經營可能產生重大影響的其他合約

　　投資者主要從以下幾個方面著手對重大合約進行審查。

　　一是企業簽訂的合約是否合法有效。合約的簽訂與生效，應該符合法律規定，簽訂特殊合約，還應經相關主管部門審批，取得授權。如果企業在沒有取得授權的情況下與他人簽訂特殊合約，那該合約不具有法律效力。

　　二是企業簽訂的合約是否存在無法履行的法律風險。導致合約無法履行的原因各式各樣，有可能是合約簽訂一方因企業解散、宣告破產而

導致合約無法履行；也有可能是因為天氣等不可抗力因素導致合約無法履行。因此，投資者在調查過程中，應該對合約的履行情況進行了解，同時還要對可能會受天氣等不可抗力因素影響的合約，進行專項調查。

三是企業的重大資產交易，應該取得內部批准。簽訂重大資產交易合約，應該取得主要股東及董事會的同意。如果未獲得內部批准，那合約將不具有合法性及有效性。

四是企業是否簽訂了對其業務有重大限制的合約，以及合約中的特殊約定對擬議交易是否存在影響。

重大合約不僅反映企業的業務情況，還與企業的資金流動與經營狀況密切相關。所以，投資者有必要對企業重大合約的可行性、合法性進行調查。

10.3.4
警覺重大訴訟、仲裁、行政處罰

投資者應該對企業尚未了結的重大訴訟、仲裁、行政處罰的簡要說明及相關法律文書進行審查。其中，簡要說明包括案件雙方當事人和代理人、案由、主要事實、受理的部門、提起訴訟與仲裁或做出行政處罰的日期、案件處理結果等。而相關法律文書則包括但不限於法院判決書、裁決書、調解書、行政處罰決定書等。

從法務調查角度來看，投資者需要警覺的企業違法行為，主要有勾結犯罪集團、非法挪用企業財產、逃漏稅、違反環保規定、勞動關係違法等。這些違法行為的存在，可能會導致投資失敗，因此投資者在掌握風險的同時，自身也需要建立合規組織，並採取諸如合規培訓等措施。

　　重大訴訟糾紛是法務調查的重要內容。例如，企業與其他企業因為重大合約履行產生糾紛，在無法透過雙方友好協商解決的情況下，企業會面臨重大仲裁或訴訟。此時投資者需要估算此次糾紛產生的損失及可能對企業造成的各方面影響。如果訴訟或仲裁會直接導致企業的某款產品或某個部門無法存續，那投資者將會基於各種可能性結果，對投資計畫進行調整。

　　行政處罰檔案是當企業違反相關法律規定時，負責處罰的行政機關根據其違法情況出具的具有強制性法律效力的法律文書。例如，企業在生產過程中，沒有按照規定傾倒、排放汙染物，或沒有排汙許可卻排放汙染物等，都會面臨行政處罰，罰款金額根據其實際排放情況確定。

　　吊銷營業執照、責令停業停產等行政處罰，也會對企業產生重大影響。因此，投資者應該對企業的處罰檔案進行仔細審查，判斷企業是否存在違法、違規等情況。如果投資者對一些法律規定不是很熟悉，可以尋求專業法務調查小組的幫助。這樣有利於抓住調查重點，提升調查效率，從而幫助投資者更精準、有效地做出投資決策。

第 11 章
談判博弈論：雙贏下的利益最大化

　　在初創企業的發展過程中，融資是一個必不可少的環節。種子輪、天使輪、A 輪、B 輪等多輪次的融資，使企業擁有充沛的發展資金。但是，等到剛開始的合作熱情消退後，投資者和創業者之間的矛盾會逐漸顯現出來，最終有可能讓雙方留下「一地雞毛」。

　　之所以會出現上述問題，可能是因為投資者和創業者在融資前沒有針對一些關鍵細節進行談判，導致雙方的關係沒有平衡好。因此，談判對雙方來說都是非常重要的。投資者要用正確的方式與創業者溝通，為自己爭取最大利益。基於一筆投資，雙方能夠獲得利益的前提，是企業能在投資者的幫助下順利成長，否則投資就變成了一個「零和遊戲」[009]。

---

[009] 零和遊戲又被稱為零和賽局、零和博弈，起源於博弈論，主要是指在一項遊戲中，遊戲者有輸有贏，一方贏，另一方就會輸，遊戲的總成績永遠是零。

第 11 章
談判博弈論：雙贏下的利益最大化

11.1
談判時需要注意的六個問題

談判往往會涉及很多複雜、晦澀的條款及各種問題，如企業估值、獨家談判期、投資條款清單、企業經營瑕疵等。在處理問題的過程中，彼此信任的雙方，更容易就一些事項達成一致意見，從而使投資效率更高。

例如，我曾經投資的一家企業，其創始人自始至終對我真誠以待，會及時告知我重要資訊，讓我感到非常放心。投資者應該與這樣的創業者合作，以避免很多不必要的麻煩，讓投資進展更順利。

11.1.1
企業估值問題

艾倫（Allen）是一家企業的創始人，企業剛開始發展得並不順利，主要原因是缺少資金支持。為了獲得更多資金以維持企業發展，他和他的團隊打算融資。

後來一位投資者經朋友介紹認識了艾倫，對他的專案很感興趣。路演結束後，投資者對艾倫的企業進行了盡職調查，接下來雙方便進入投資談判階段。投資者對專案、團隊等都很滿意，於是便問艾倫：「你們企業的估值是多少？」

　　艾倫沒有認真思索過這個問題，就隨意說了一個數字。投資者聽到艾倫說的是一個天文數字，與自己的預期相差太大，且經過多次交涉，雙方也沒有就這個問題達成一致意見，所以最終沒有向艾倫投資。艾倫也因此失去了一個機會。

　　透過上述案例，我們可以知道，投資如果進入談判環節，那麼勢必會涉及估值問題。但是，估值並非創業者隨便說一個數字就可以，需要投資者綜合考量企業的各方面情況後，給出一個合理的數值。畢竟一家估值合理的企業，才不會讓投資者付出過多不必要的成本。

　　在對企業進行估值時，投資者需要考量的要素如圖 11-1 所示。

圖 11-1 企業估值要素

1. 使用者數量

　　企業想獲得發展，首先就要擁有大量使用者。如果在短時間內，企業可以吸引大量使用者，那就說明它的發展前景還是比較廣闊的。而投

273

資者要做的，就是判斷企業是否有足夠的能力吸引使用者，以及是否能夠將使用者留存下來，使企業的使用者數量持續增加。

2. 成長潛力

企業有沒有成長潛力是投資者應該重視的一點。在談判過程中，創業者通常會用數據向投資者展示自己企業的成長潛力，這些數據也是投資者衡量該企業估值的重要依據。

3. 收入

收入可以視為估值的依據。企業的收入數據可以幫助投資者確定合適的投資額。當然，就初創企業來說，其收入也許並不多，透過收入計算出來的估值也不能代表其全部潛力，但這可以為創業者與投資者進行談判提供參考。

4. 創始人

一個好的創始人對投資者來說是很有吸引力的，投資者會願意適當地為其多提供一些資金支持。站在投資者的角度來看，判斷一個創始人是否是好的創始人，不僅要看他以前的背景、工作經歷，還要看他的能力。如果創始人的能力很強，那麼由他創立和領導的企業，也應該是非常有發展潛力的。例如，一些網際網路企業的創始人在為企業融資時，可能會因為其擁有專業的技術，而使企業估值增加上千萬元。

5. 行業

行業不同，企業的估值往往也不同。以餐飲行業和高科技行業為例，餐飲行業的企業估值通常是其營業額的 3 ～ 4 倍；而高科技行業的

發展潛力比較大，企業的估值一般是其營業額的 5 ～ 10 倍。因此，投資者在與創業者談判前，應該充分了解企業所在行業的整體估值情況。

6. 孵化器（Incubator，又稱育成中心）

有些企業是依託孵化器建立起來的，這樣的企業通常會得到專業的指導，在獲得資金方面也比一般企業更有優勢。在孵化器的助力下，企業可以藉助專業的數據分析來確定發展方向，這也會提高其估值。

7. 選擇權池

為了吸引優秀員工加入企業而提前預留股票，就是選擇權池的主要表現形式。通常來說，選擇權池越大，企業的估值越低。選擇權池是一種無形資產，其價值很可能會在估值過程中被忽略。

8. 實物資產與智慧財產權

一些投資者會因為企業的實物資產不是很多，而在估值時不將這部分資產算進去。但實際上，實物資產也是企業的資產，會對其估值產生一定的影響。此外，企業擁有的智慧財產權，如專利、商標等，也是其資產，在計算企業的估值時，同樣要被算進去。例如，矽谷一家初創企業的創始人，就因為兩項專利而多獲得 500 萬美元的投資。

對投資者，尤其是天使輪投資者來說，初創企業的估值不是越高越好，而是越合理越好。估值越高，企業就越有可能會提出更高的融資金額，這意味著投資者要承擔更高的風險。因此，投資者應該根據企業的實際情況，計算出合理的估值，並據此確定投資額。

11.1.2
獨家談判期

在融資過程中，創業者會接觸到不同的投資者，有的投資者會和創業者約定獨家談判期。這是因為如果專案真的非常不錯，那很可能同時會有多位投資者想與創業者進行實質性談判，從而導致創業者反覆提價。

而一旦約定了獨家談判期，就意味著創業者只能和一個投資者進行談判。對創業者來說，不約定獨家談判期，保持交易的靈活度，對自己更有利。而對投資者來說，約定獨家談判期，則可以防止創業者與其他投資者接觸，從而更有利於維護自己的利益。

獨家談判期在後續融資輪次中比較常見。在早期的投資輪次中，部分投資者會透過可轉債的方式投資專案，此時獨家談判期出現的機率不會特別大。需要注意的是，一旦投資者與創業者約定獨家談判期，那就說明其投資意向非常高。

由於獨家談判期對企業的融資程序會有影響，因此很多時候，只有領投方才有提出該條件的權利。而且，領投方最終擁有的股權，要占企業的 10% 以上，甚至高達 15% ～ 20%，這樣才可以真正享有此權利。雖然獨家談判期有一定的限制，但為了避免讓自己遭受不必要的損失，投資者還是應該掌握以下幾個與創業者約定獨家談判期的要點。

- 獨家談判期的時間要適中。在矽谷，獨家談判期的時間一般是 30 ～ 45 天左右。
- 嚴格禁止創業者在獨家談判期內與第三方繼續討論專案。
- 在約定獨家談判期時，投資者應該盡量明確自己和創業者的責任與權利，防止後期產生不必要的分歧和矛盾。

對投資者來說，約定獨家談判期無疑是重要的，但這也無法保證萬無一失。例如，如果創業者想「動歪腦筋」，試圖利用投資者，將其投資意向變成談判和加價的籌碼，那投資者的利益就會受損。因此，獨家談判期往往「只防君子，難防小人」。

11.1.3
投資條款清單

當雙方就投資達成初步意向後，通常就會簽訂投資框架協定，這個協定也叫做投資條款清單（Term Sheet，TS）。缺乏經驗的投資者，也許會覺得反正之後還要簽訂正式的投資合約，投資條款清單根本不重要，其實這是大錯特錯的。

究其原因，投資條款清單往往是在盡職調查前簽訂的，而盡職調查需要投資者花費較多人力、物力、財力等。所以，如果投資者在完成盡職調查後，希望再重新商議一些重要條款，那將會非常麻煩。如果創業者不配合，那投資者前期的努力很可能會付諸流水。如果投資者不甘心就此放棄，那麼可能就要做出一些妥協。

投資條款清單中包含了關於投資的一些主要內容，如投資金額、占股比例、估值、員工選擇權等。投資者需要藉助投資條款清單來保護自己的利益，更多是在考驗投資者的判斷力和洞察力。以下措施可以幫助投資者將投資風險降到最低。

❑ 投資者要全面調查創業者的誠信紀錄，如果發現創業者曾經有過不良行為，那就要果斷「捨棄」，盡快尋找其他專案。只要投資者有足夠的資金，就不怕找不到好專案。

❏ 在最開始時，創業者可能會說一些大話，給一些無謂的承諾。所以，在簽署投資條款清單前，投資者有必要對創業者做出承諾的可實現性進行分析，保持一個合理的心理預期。

在法律效力方面，投資條款清單的商業條款，通常不具備法律效力。造成這個現象的主要原因，包括以下三點。

❏ 商業條款的嚴謹度比較高。

❏ 在完成盡職調查前，有些數據不需要充分披露。

❏ 相關數據的準確度和真實性難以保證。

與商業條款不同，獨家談判期條款和保密條款則具備法律效力。鑑於投資條款清單的重要性，投資者要確保其內容清楚、明確，核心條款（如一票否決權、優先購買權、優先清算權等）也要正式記錄在案，不得出現差池。另外，在簽署投資條款清單前，投資者應該要求創業者事先披露企業的不足之處，從而避免給出過高估值而讓自己遭受損失。

11.1.4
保護性條款

為了保護自己的利益，大多數投資者通常會要求設定保護性條款。保護性條款一般會列出一系列涉及企業營運問題的重大事項，當這些重大事項發生時，創業者必須徵求投資者的同意，否則很可能出現對投資者不利的局面。

投資者一般會派代表進入董事會，這些代表擁有投票權。在這種情況下，為什麼保護性條款對投資者來說依然如此重要呢？原因是董事會

的職責是維護企業利益。但有時，企業的利益與投資者的利益是不一致的。而且股東會和董事會一般由占股最多的股東控制，所以，投資者需要透過其他管道保護自己的權利。

對保護性條款，創業者通常不會言詞激烈地拒絕，但會與投資者談判，雙方共同商議出具體內容。以一票否決權為例，有的創業者會規定該權利只有在特定事項上才可以使用，還有的創業者會將該權利的範圍限制在對投資者利益有重大損害的事項上。

至於保護性條款的具體內容是什麼，則與投資者是否擅長談判息息相關。只要保護性條款的邏輯是合理的，投資者就不需要過於擔心。聰明的投資者都知道即使自己擁有保護性條款，也不應該隨意否決那些對企業發展有利的重大決策。

11.1.5
企業經營瑕疵分析與處理

在發展早期，企業經營難以實現全面規範化，總會存在一些問題，如經營、收入「兩本帳」、經營地址與註冊地址不一致等。而投資者投資的目的，是企業上市後能獲得豐厚的報酬，所以很多投資者往往會以擬上市的條件和標準，來衡量企業的經營情況，將經營瑕疵當作「問題」對待。

但投資高手卻可以妥善處理經營瑕疵，準確地找出企業存在的問題，並有能力幫助企業解決問題。對投資高手來說，經營瑕疵在一定程度上意味著企業具有發展潛力。因為幫助企業處理經營瑕疵的過程，也是一個確定性很高的產生收益的過程。

在處理完經營瑕疵後，企業會得到進一步發展，估值也會有所提升，投資者能夠藉此獲得更豐厚的收益。這是一種雙贏的結果。在經營瑕疵方面，我非常重視管理層面的問題，如執行力、合作情況等。

管理層面的問題，在企業發展的早期更重要，因為處於早期階段的企業，往往團隊規模小，管理者的執行力及領導力會深刻影響企業發展。我在分析管理層面的問題時，非常關注的重點，就是團隊各成員之間的配合情況和默契程度。

此外，談判後的持續跟進情況，即管理者是否可以不卑不亢地與我進行合理的關係維護等，都能夠讓我以小見大，對團隊的品質做出準確判斷。在分析團隊的品質時，我也會看團隊是否存在以下幾個問題。對問題比較多的團隊，我會提高警覺，仔細衡量利弊。

問題一：各管理者之間的配合沒默契。在談判過程中，無論是各管理者在語言方面的默契程度，還是各管理者的談判分工與互補，都非常重要。管理者不應互相搗亂，而應該互為補充，有著相同的談判目標與發展計畫。

問題二：分析問題的敏銳度和邏輯性。經常有創業者對我提出的問題避而不答，或答非所問。這存在兩種情況：一是創業者不知道答案；二是創業者不夠誠實、有意掩蓋一些問題。要知道，跳出固有思維模式和不誠實是兩個概念。好的創業者會積極創新，做事可靠；而不太合格的創業者，則會想方設法隱藏缺點，做事不可靠，很難讓人信任。

問題三：過度依賴短期政策的紅利或試圖利用法律漏洞來獲得收益。有這些行為的企業，難以長久地發展下去。正如我經常強調的，真正的好企業，一定有「持續造血」的能力。因此，在投資時，可能會觸及法律底線的專案，我是絕對不會考慮的，這是我一直堅持的原則。

11.1.6
業務合作與資源匯入

創業者在選擇投資者時，不僅會考量投資者能為企業帶來多少資金，還會考量投資者擁有多少資源，如社交資源、業務資源、使用者資源等。以網路大廠為例，如果它們願意提供創業者一部分資源，那麼就可以為創業者帶來大量的使用者、流量。

投資者與創業者可以就資源問題進行談判，雖然與之相關的條款，通常不會出現在正式的投資合約中，但雙方可以單獨展開相關的業務合作。

在資源匯入與業務合作方面，我覺得「5C」法非常有效。

第 1 個「C」：Content（內容）

我的合作夥伴經常在各種場合、書籍、活動中，對他投資的企業進行宣傳，助力企業的行銷活動。我也會透過新媒體，在直播時幫我投資的企業進行應徵、業務推廣等工作，這樣可以讓它們更能觸及很多其自身無法觸及的目標群體和使用者。

第 2 個「C」：Contact（接觸）

我的某位朋友曾說過一句話：「你知道誰是誰是一回事，對方知道你是誰，是更重要的事。」這句話用在投資者與企業身上，就是投資者要讓企業與更多人接觸，被更多人知道，而投資者和企業之間也要彼此了解。

第 3 個「C」：Connection（連線）

投資者要與創業者有更進一步的關係，形成連線。例如，Chime Bank 和 Gmail 的創始人都與我及我的團隊有很不錯的關係。這些關係為專案和我們雙方都帶來極大的價值。

第 4 個「C」：Capability（能力）

能力是一種非常重要的資源。例如，豐元資本擁有矽谷資深的工程師、高階管理人員、Google 圖片搜尋的創始人領銜的團隊，匯聚很多成功的企業家和技術大師，他們都很有能力。在投資領域，有一類創業者被稱為 Entrepreneur in Residence（EIR），即有經驗的創業者。此類創業者不僅可以幫助投資者評估投資決策的正確性，未來還有很大機率會成為投資者優先考慮投資和進行業務合作的人選。

第 5 個「C」：Cash（現金）

Cash 的本意是現金，不過我通常把 Cash 理解為「基金」。我認為只有真正的國際化基金，才能同時調動不同的資源，在未來的市場上占據更大的優勢。

▌**11.2** ▶
如何在談判中占據優勢地位

　　投資者與創業者如果想達成合作，那麼雙方進行坦率、直接的談判是非常重要的。在我看來，最終的談判結果，必須得到雙方的一致認可，而且是雙方都能夠接受的。

　　在談判過程中，雙方應該適當地做出一些妥協和讓步，但讓步和妥協的多寡，與其是否掌握足夠的談判技巧息息相關。站在投資者的角度來看，為了確保能夠在雙贏的基礎上實現雙方利益最大化，從而更能推動投資順利完成，投資者應掌握一定的談判技巧。

▌**11.2.1**
用數據和細節「征服」對方

　　對投資者來說，無論創業者把團隊、專案、商業模式、市場情況、組織架構等介紹得多麼詳細，也不能忽視一些重要的數據，如日／月／年活躍使用者數量、日／月／年新增使用者數量、每位使用者平均收入、使用者留存率、日／月／年銷售量……等。

　　很多時候，只要面對的不是早期或創新專案，投資者就會參照上述

數據做出投資決策。因此，在進行談判時，創業者需要向投資者丟擲一連串數據，然後圍繞這些數據做一些解釋和想像。

所有創業者都應該承認一個事實：無趣、枯燥的概念和陳述，難以引起投資者的重視和興趣，與專案緊密相關的數據和發展情況，才是投資者真正希望了解的內容。

談判過程中的話術選擇、用詞的語氣等，都是值得雙方深思的重點，從對方的細節表現上，就可以了解談判是否順利。通常情況下，無論是否有投資意向，出於禮貌和對創業者的鼓勵，投資者都會用比較正面的話術來表達自己的想法。但與投資者進行一場坦誠的對話後，透過分析對方的談話內容、語氣、用詞等，創業者應該可以對接下來的發展方向有比較清晰的判斷，從而規劃自己的融資安排。

例如，「exciting」（令人激動的）和「interesting」（有趣的）相比，前者明顯表示投資者對專案更感興趣；而投資者表示「為創業者介紹其他投資者」和「介紹其他投資者，並希望進一步了解」也有很大的差別，前者可能表示專案的領域或方向不適合投資者自己，而後者表示投資者希望能為專案提供更多價值，來爭取一個好的投資價格。

11.2.2
為談判設定合理的範圍

為了讓談判獲得更好的結果，投資者除了要分析創業者的實力外，還要對相關環節進行精心、全面的設計，具體可以從圖 11-2 所示的幾個步驟著手。

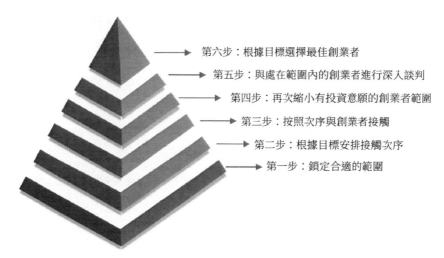

圖 11-2 如何對談判進行設計

　　談判初期，投資者應該鎖定合適的談判對象範圍。如果投資者的投資重點是獲得更多，那就要多接觸一些創業者，因為接觸的創業者越多，遇到好專案的機率就越大，最終獲得更多收益的可能性也就越高。

　　根據投資目標安排好與創業者接觸的次序後，投資者就可以按照次序與創業者接觸，一步步縮小有投資意願的創業者範圍，並與處在範圍內的創業者進行深入談判，然後再在這個範圍內進一步確定自己要投資的最佳創業者。

　　湯瑪斯‧斯坦伯格（Thomas Stemberg）是美國知名辦公用品一站式採購平臺史泰博（Staples）的創始人，他創辦了辦公用品超市，為企業提供一站式辦公用品採購服務。

　　在創業初期，斯坦伯格就已經預見，一旦他的模式獲得成功，將會出現很多模仿者。於是他一邊開店，一邊融資，希望能夠藉助資本的力量實現快速擴張。

但在第二輪融資時，投資者不肯給史泰博較高的估價。在這種情況下，斯坦伯格調整了談判的範圍，將範圍從風險投資者擴展到投資銀行、養老基金企業、保險企業及具有獨立視角的高淨值人士等。在談判過程中，一部分投資者認可他提出的更高估價，最終，他獲得了一筆可觀的資金。

斯坦伯格的案例提醒投資者：不光投資者會設定合理的談判對象範圍，創業者也會根據自己的需求，為了維護自己的利益，而設定談判對象範圍。因此，在與創業者談判時，投資者要分析創業者的談判對象範圍，如果發現創業者在與其他投資者接觸，那麼就應該謹慎考慮，必要時還應該及時停損。

11.2.3
談判的基礎：基於創業者類別去做準備

對投資者來說，不是任何專案都需要推進到後續的投資流程，應根據投資策略對自己要接觸的創業者加以篩選，並對其手裡不錯的專案做盡職調查，進行全面了解。而且，投資者接觸的創業者越多，做出的判斷越準確，投資成功率也就越高。最重要的是，這樣提高了談判的自由度，讓投資者可以相對沉著、冷靜地面對創業者。

為了在雙贏的基礎上實現投資收益最大化，投資者應該結合具體情況，為創業者劃分類別，並據此確定談判的方向和內容。創業者的類別劃分如圖 11-3 所示。

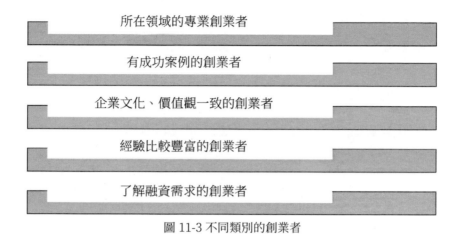

圖 11-3 不同類別的創業者

☐ 所在領域的專業創業者。投資者 —— 尤其是新手投資者 —— 非常需要獲得行業專家的幫助及尋找志同道合的合夥人。要滿足這方面的需求，投資者就必須尋找領域內的專業創業者，在科技最前端挖掘潛在的商業價值。當然，這也是矽谷有很多「獨角獸」企業都出自學校頂尖實驗室的原因，畢竟這些實驗室裡有眾多頂尖人才。

☐ 有成功案例的創業者。透過分析創業者已經研發的專案來鎖定優秀的創業者，是投資者比較常用的方法。投資者可以透過對專案進行統計與分析，備選出潛在的創業者。

☐ 企業文化、價值觀一致的創業者。投資是一個相互選擇的過程，投資者與創業者的地位是平等的。在投資前，投資者應該多蒐集一些其他投資者對創業者及企業文化的看法，並對這些資訊加以分析，篩選出價值觀與自己相符的創業者進行合作。

☐ 經驗比較豐富的創業者。創業者擁有的經驗不僅可以轉化為「真金白銀」，還可以轉化為資金網路、品牌資源、行業資源、內行專家等資源。初創企業都想找一個位於產業鏈上游的投資者，這是增

287

加其自身資源優勢的不錯選擇。而投資者也更願意與經驗豐富的創業者合作，從而達到一種理想的投資狀態，這也有助於企業的長遠發展。

❐ 了解融資需求的創業者。創業者進行融資的主要目的是滿足融資需求，獲得資金支持。為此，創業者應在談判過程中想辦法讓投資者理解自己的這個需求。

▌11.3
雙方共同協商股權問題

在投資過程中，可能會出現這種現象：在談判時，創業者完全接受投資者提出的投資額，但卻在談判完成後到處訴苦，抱怨投資者的投資額過低。投資者必須及時採取措施，不讓這種現象影響自己的投資程序和情緒。

投資者應該在與創業者談判時就協商好投資額，並對股權的分配進行協商，雙方達成一致意見並嚴格執行。雙方能夠在投資前坦誠交流、充分交換意見、達成共識，是創業者與投資者可以合力、最大限度推動企業發展、實現雙贏的基礎。

▌11.3.1
▌投資者考量如何安排控制權事宜

在談判過程中，投資者需要注重股權比例與企業控制權的設計，這點非常影響談判的結果。如果股權比例設計不合理，那麼創業者很難與投資者達成一致意見；如果控制權設計不合理，那企業可能面臨經營與法律風險。因此，企業必須設計合理的股權結構，在保證控制權合理的基礎上，靈活地設計具體的股權比例。

　　很多創業者徘徊於對融資的迫切需求與對控制權的掌控。不過需要注意的是，投資者不應該急於求成，而應該在控制權問題上有正確的想法和態度。企業的控制權主要展現在兩個方面：一是股權層面的控制權；二是董事會層面的控制權。企業控制權的注意要點如表 11-1 所示。

表 11-1 控制權的注意要點

層面	控制要素	注意要點	
		爭取目標	避免情形
股權	絕對和相對控股以及否決權	創始股東絕對控股（持股比例大於 50%）或相對控股（第一大股東）	避免 50：50、40：40：20 等導致決策僵局的股權架構
	投票權和股權分離（AB 股）	透過投票權委託、一致行動協議或者雙重股權架構掌握投票權	防止融資過快導致股權稀釋，以免創始人失去對企業的控制權
董事會	董事會	爭取創始股東對董事人數的絕對或者相對控制	避免非創始股東控制董事會
	日常經營	爭取由創始人或創始合夥人兼任企業董事長、總經理和法定代表人	避免非創始股東控制法人、公章、營業執照以及企業銀行帳戶等

　　綜上所述，對尚未發展成熟的企業，創業者和投資者想更妥善地處理企業的控制權，就應該重視以下兩個方面。

　　第一，釋放股權比例要合理。

　　初創企業的估值往往比較低，但隨著不斷發展壯大，其估值和溢價會越來越高，從而使融資對創業者的股權被稀釋的影響越來越小。因此，投資者需要仔細權衡，既要保障企業的現金流穩定，又要兼顧股權的稀釋比例。

通常來說，企業會將在每一輪融資中釋放的股權控制在 20% 以內。由於創始人的股權會被不斷稀釋，因此，有時創始人為了避免自己的持股比例過低，還會選擇購買其他股東持有的老股，以提升自己的持股比例，進而維持對公司的控制權。

第二，處理控制權要謹慎。

有的創業者會透過投票權委託、簽訂一致行動協定及實施雙重股權架構等措施，獲得保證控制權的投票權。以財務投資為目的的投資者，會基於對創業者的信任，而同意這樣的安排，從而維持企業的穩定執行。另外，投資者需要注意，有的創業者在股權層面失去了控制權，但會牢牢掌握董事會層面的控制權。

創業初期往往是投資者與創業者的「蜜月期」，投資者會願意讓創業者主導企業。但隨著企業進一步發展，有的投資者會因為利益問題，而與創業者產生矛盾。此時，控制權就成為創業者與投資者博弈的關鍵。

綜上所述，處於創業初期企業的控制權，應掌握在創業者手裡。這是因為當企業規模較小、資源有限時，更需要把精力集中在同個方向上。此時創業者幾乎決定了企業的成敗，而一旦創業者的控制權旁落，企業就無法按照創業者的思路去發展，早期投資者的投資也就失去了意義。

11.3.2
調整投資額，做最有利的投資交易

企業的估值對投資者和創業者來說很重要。雙方在就估值問題進行商討時，應該使用相應的報價技巧。與任何一筆商業交易談判一樣，在

與創業者進行談判的初期，有的投資者會把投資額報低一些，從而為自己心理預期的估值和投資額留出周旋的餘地。因為在談判過程中，創業者往往會在合理的範圍內提高估值，而不太可能降低估值。

另外，還有一個技巧，是根據「支點價格原理」進行報價。這個技巧是以投資者的目標估值為支點，創業者給出的估值比投資者的目標估值高多少，投資者的投資額就要比預期投資額低多少。這樣可以幫助投資者在創業者試圖提高估值時，爭取更多的談判空間。

11.3.3
股權可以妥協，但必須有底線

對早期投資者來說，股權雖然非常重要，但如何幫企業發展，走出創業的第一步，並為未來度過高風險期儲備力量，才是更重要的事。在這個過程中，投資者與創業者幾乎從一致的角度出發，雙方有一定的利益重合。

但是，越到中後期的投資，投資者就越要求占據更多股權比例，目的是要更加監控企業的業務情況。中後期投資的金額比較大，股權對應的價值也與早期投資有所不同。而且，具規模的企業只要出現問題，一般都是在法務合規或遭遇「黑天鵝」事件等方面，所以在中後期投資中，投資者更希望自己可以控制和監督企業發展。

另外，投資者如果進入董事會，通常會要求企業出資為自己購買相應的保險，以確保在企業面臨特殊情況時，自己的連帶責任能在可接受的範圍內。

由於企業的未來發展存在不確定性，而且一些投資者認為，自己不

如創業者對企業的具體情況那麼了解，在投資過程中需要承擔更大風險，因此投資者往往會使用估值調整協議，即「對賭協議」，來保障自己的利益。

當投資者和創業者決定簽署融資協定時，對賭協議的存在，可以允許投資者在相關條款被觸發時，透過股權回購、金錢補償等方式，對企業的估值進行調整，從而降低投資風險。對賭協議也可以幫助投資者更有效率地做出投資決策，從而縮短融資週期。因此，對賭協議是一個雙方都應該了解，並善加利用的工具。

第 12 章
股權分配方案：投資者要占多少股權

　　一個優秀的股權分配方案，既能讓投資者科學、合理地參與決策，又能保障創業者的領導地位。本章主要探討在投資過程中，投資者應該如何分析股權分配方案，以及應該占據多少股權，才更能降低投資風險，確保自己在股權方面不吃虧。

12.1
投資者股權 PK 創始人股權

創始人往往以企業的「靈魂」而存在，其優秀與否，是影響投資者是否投資企業的因素之一。甚至有的企業會在面臨困難時，將已經退出的優秀創始人重新請回來主持大局，從而穩住投資者，不讓投資者離開。在這種情況下，創始人和投資者的股權就必須分配好，否則很可能引發彼此間的矛盾和分歧，影響企業正常運作與發展。

12.1.1
確立創始人及創投關係

在一家企業裡，創始人的選擇看似是非常簡單的問題，實際上卻非常棘手，尤其是在幾個合夥人創業的情況下，就更是如此。創始人雖然是一個比較明確的身分，但實際情況總是非常複雜。判斷誰應該成為創始人，最簡單的方法，是看誰承擔的創業風險最大。

在初創階段，創始人投入的資金往往最多，此時很可能尚未獲得外部融資。在這個階段，創業也許會失敗，創始人投入的資金，很可能全部「打水漂」。

在啟動階段，企業會引入外部融資，資金比較充裕。這些資金讓創

始人每個月都能獲得較豐厚的收入。但有些企業在這個階段就失敗了，其創始人不僅失去了創業前的穩定工作，還因為創業失敗而損失一大筆資金和很多時間及精力，創始人甚至會負債纍纍。

其實經由之前的投資經歷，我發現一件很有趣的事：創始人與投資者之間的關係，在發生微妙的變化。例如，在以 Facebook 為代表的移動網際網路企業崛起前，矽谷的很多創始人，通常會穿西裝去沙丘路（Sandhill Road，矽谷一條知名投資者聚集的街道）拜訪投資者，以尋求融資。但在移動網際網路時代來臨後，大約 40% 的投資者都搬到了帕羅奧圖地區，因為這裡聚集著以史丹佛大學為核心而搭建起來的早期專案生態圈。

在這個生態圈裡，投資者開始主動出擊，尋找優質專案，也會去創始人聚集的地區，主動尋找下一個商業領袖和潛力新星。投資者不再悠閒愜意、高高在上、心無旁騖地等創始人來辦公室商談，而是主動與優秀的創始人溝通，將其吸引到自己的圈子裡。

2012 年，光速創投（Lightspeed Venture Partners）合夥人巴里・艾吉（Barry Egger）從女兒口中得知了一款在高中非常流行的社群軟體。女兒告訴他，這款軟體像 Twitter 一樣，周圍的同學都在使用。後來巴里又把這款軟體推薦給傑里米・劉（Jeremy Liew），這款軟體引起傑里米極大的興趣。

傑里米在網路上搜尋不到任何與這款軟體相關的報導，該軟體的官網也沒有更多可用資訊。最終透過查詢企業網域名稱，傑里米找到了這款軟體背後的註冊主體及其創始人——在史丹佛大學讀書的大三學生埃文・斯皮格爾（Evan Spiegel）。

　　結果讓傑里米遺憾的是，家境殷實的埃文不需要投資。但傑里米沒有就此放棄，而是邀請埃文到位於矽谷沙丘路的光速創投辦公室，兩人圍繞產品的發展和定位進行交流。經過 10 多天的溝通，埃文接受了由光速創投投資的 48.5 萬美元。

　　其實當時這款軟體的下載量不多，也不是被投資者爭搶的標的。但 5 年後，其背後的企業，在紐約交易所掛牌上市，傑里米憑藉不到 50 萬美元的投資，換回大約 20 億美元的報酬。這家企業就是 Snapchat。傑里米篩選創始人的獨到眼光，也讓光速創投成為唯一一家在種子輪就投資這家企業的投資者，並獲得非常豐厚的收益。

　　在正常執行階段，企業透過外部融資吸納更多資金和資源，獲得了一定的發展，產生更豐厚的獲利。在這個階段，企業不太容易倒閉，即使真的倒閉了，其創始人也傾向於轉型或開始第二次創業。

　　企業要確保股權分配是科學、合理的，如果創始人的股權比例過低，那無論是從促進企業發展的角度出發，還是從個人價值認可的角度出發，創始人都很難全身心投入各項工作。

　　蘋果公司曾經有第三個創始人，這個創始人希望自己能夠賺取薪資，而不是手持虛無縹緲的股權。於是，他把自己的股權以 800 美元的價格賣掉。現在蘋果公司已經成為全球知名企業，其股權價值較之前已有大幅提升，顯然這個曾經的創始人，當時的決定是非常錯誤的。

　　總之，為了對企業進行有效管理，促進企業的正常經營和長遠發展，創始人的股權比例不能過低，也不能過高，而應該保持在一個合理

的範圍內。此外，當企業發展到一定階段時，股權比例會發生變化，但無論怎麼變，創始人 ── 尤其是核心創始人 ── 都必須持有一定比例的股權。

12.1.2
投資者應該拿多少股權

投資界有一個不成文的共識：如果某股東在企業內的股權比例低於 10%，那麼其不視為企業的創始人之一，因為他對企業沒有足夠的影響力。投資者也是如此，在分配股權時，10% 的股權比例是一個比較重要的門檻，此時不能確定投資者是否占有董事會席位。

但是，當投資額比較大時，投資者會要求擁有企業不低於 20% 的股權，而且很多時候會要求占據董事會席位。如果投資者想更了解投資與股權之間的問題，那麼應該分兩種投資類別來討論：一種是財務投資，另一種是真正參與管理的股權投資。

第一，財務投資：投資者更在乎收益。

矽谷有一家知名投資機構，名為 DST Global。豐元資本投資的很多專案，都在後續融資輪次中獲得其投資，繼而實現估值的快速成長。例如，豐元資本投資的北美生鮮電商「Weee！」，在 2021 年 3 月完成 D 輪融資，獲得 DST Global 高達 3.15 億美元的投資。

DST Global 是一家專注於財務投資的投資機構，兩位創始人都來自俄羅斯，背靠俄羅斯諸多科技大廠，經濟實力雄厚。其創始人多米尼克（Dominic）曾經在矽谷一家叫 Taipan 的餐廳和我一起吃飯，我們聊到

了他的聯合創始人尤里·米爾納（Yuri Milner）。尤里之前投資 Twitter 和 Facebook，一度擁有 Twitter 共 5％的股權和 Facebook 共 8％的股權，收益頗豐。

在美國，投資者想成功，一個非常重要的前提，是透過投資換取相應的股權，其他方面則可以適當捨棄，最好也不參與企業的營運。從營運角度來說，此舉對創始人非常友好。

以 DST Global 對 Facebook 的投資為例，DST Global 當時只要了股權，而沒有要任何投票權，也沒有要任何董事會席位。這讓祖克柏感到非常開心。DST Global 非常低調，是「悶聲發財」的典範，其官網只有一頁，資訊很少，但這也恰恰展現了其創始人的行事風格。

第二，股權投資：投資者參與管理工作。

投資者是否應該做股權投資，要看企業類別是資金密集型，還是技術密集型。例如半導體、生物科技、先進設備製造等領域的企業，基本上都屬於資金密集型企業；SaaS 服務、網際網路等領域的企業，則都屬於技術密集型企業。

在上述兩種情況下，早期資金作用在企業的生存與發展中，有不同的權重。例如，生物科技領域的企業，從創立初期開始，就需要非常多的資金才能開展研發工作。而且，在產品最終上市、實現獲利前，此類企業通常會長時間地（從幾年到十幾年不等）處於持續、大量燒錢的狀態。因此，資金對於此類企業來說至關重要。為了更能好好開展研發工作，此類企業很可能不得不在早期融資階段，就授予投資者 50％以上的股權。

隨著賽道的逐漸細分與優化，企業的各種情況也在發生改變，處於一種「減輕過重負擔」的狀態。雖然企業在不斷「減輕負擔」，但資金的重要性仍然非常顯著。相比之下，注重「輕資產」營運的技術密集型企業，通常更重視股權，其在種子輪融資和天使輪融資中釋放的股權比較少，一般不會超過 20%。

之所以會出現這種情況，本質上是因為各類企業對資金的需求不同。例如，資金密集型企業會願意用比較多的股權換取鉅額投資，因為資金決定了專案是否可以順利執行，以及專案在早期階段的存亡；而技術密集型企業則傾向於掌握更多股權，即使這樣會導致獲得的投資額比較少。

當然，如果財務投資和股權投資都不在投資者的考量範圍內，那麼策略投資也是一種不錯的選擇。

但是，如果企業在產品研發過程中盲目地迎合投資者的需求，那可能會影響企業的發展節奏與方向。不過，策略投資也有好處，那就是可以為企業帶來資源。而且，如果投資者的股權比例不高，對業務發展的支持大於索取，那麼對企業來說，將會是一件好事。

Google 的投資平臺 Google Ventures（Google 投資）在做投資決策時就非常獨立，不會過度受到 Google 業務的影響。甚至為了弱化自己與 Google 的關係，Google Ventures 還將名字改為 GV，來保證自己獨立於 Google 營運，從而保持投資決策的純粹性。

目前還有一種「老師股」，即企業會賦予幫助自己成長的「老師」一部分股權。這裡所說的「老師」，通常是指為企業帶來資源的投資者。在

矽谷，企業給「老師」的股權一般不超過 1%，大部分在 0.5% 以內，但這並不意味著「老師」不能獲得豐厚的報酬。例如 Facebook 最大的社交遊戲開發商 Zynga 的創始人馬克‧平卡斯（Mark Pincus）的股權雖然越來越少，但身價卻逐漸成長。

12.1.3
股權分配的核心：人才＋資金

對投資者來說，投資不是把錢給出去就萬事大吉了，還需要考量股權分配問題。在團隊完整、專案有前景的情況下，投資者要關注股權分配情況。合理的股權分配，能夠保證各利益相關者得到公平的報酬，從而確保企業能夠穩定發展。

如今，越來越多的市場機會湧現，但同時使用者需求不斷更新，且業務競爭漸趨激烈，企業可能無法「單槍匹馬」地突破重圍，而是要依靠兩大外部力量，即人才和資金。因此，企業在進行股權分配時，也要以這兩大外部力量為核心。

1. 人才核心

這是一個充滿未知的時代，技術的革新讓之前一些不可能的事情變得可能。很多行業都有破局者和顛覆者，他們透過技術或商業模式創新，不斷擴展市場邊界。對企業來說，這些破局者和顛覆者才是真正的「寶藏」，他們可以對行業發展趨勢和市場變化做出快速反應，並制定解決方案。

如今，不少企業都希望實現組織的平臺化和生態化，盡快完成轉型

更新。這背後隱藏的其實是人才理念，即只有推動人才的更替，才能促進企業的發展，才可以催生出更有價值的商業模式。因此，在進行股權分配時，創業者有必要以人才為核心、關注人才，讓人才獲得其應有的報酬。

現在「單打獨鬥」的模式已經越來越不適用於創新領域，取而代之的是團隊模式。對企業來說，基於人才的股權分配，是一次深刻的變革。合理的股權分配方案應該是靈活且公平的，同時也需要一定的策略來搭建並培養優秀、成熟且穩定的團隊。

例如，透過不斷稀釋老股東的股權，企業可以給予員工與其能力相對應的優先認股權，也就是選擇權。但企業最好將這些選擇權在一定時間內（一般為 3～4 年）分批次授予員工。而且，考量到企業未來發展對股權產生的影響，也有投資者在投資前就會要求企業先預留一定的股權比例作為選擇權池，否則就拒絕投資。這樣可以避免企業因為擴大規模、吸引人才而過度稀釋投資者的股權，從而保護投資者的利益。

2. 資金核心

相比技術、經驗等無形資源，資金是實實在在、非常容易量化的資源。想合理地分配企業的股權，企業不妨將創業者的技術及其他資源投入折算成資金。當然，這麼做的目的並非推行平均主義，而是為了選出承擔主要責任的人。要知道，股東們在實際合作時，難免會出現分歧，如果沒有一個承擔主要責任的人，那麼企業的很多重要決策將無人帶頭實施。

也就是說，在企業裡，應該有一個人占據較多股權，承擔較大責任，這是企業獲得長足發展的保證。關於這一點，美國的創業者在做股

權分配時就非常注意。他們會在註冊企業前，就商量並制定一套合理且完善的股權分配方案，同時確定一些問題，如按照何種標準分配股權、除資金外的其他投入如何折算為股權、企業的主要決策者是誰，及如何實施決策權等。

祖克柏曾經在 2004 年設立一家新企業，並將註冊地點選在美國德拉瓦州。對此，他向合夥人愛德華多‧薩維林解釋，這麼做是為了讓企業具備靈活調節股權架構的能力，從而吸引外部投資者。

過了一段時間，薩維林便前往矽谷與祖克柏簽署了一份新的協定。當時，薩維林並沒有注意到，他的股權與祖克柏的股權不同。他持有的是普通股，而祖克柏持有的是具備結構性防稀釋功能及轉換權的優先股。

兩個多月後，祖克柏領導 Facebook 通過兩次大量普通股增發的授權。當普通股全部發行後，薩維林的股權被稀釋至 0.03％，這個戲劇性的股權變化，還放入電影《社群網戰》(The Social Network) 中。憑藉此手法，祖克柏成功讓薩維林出局，將企業的控制權牢牢掌握在自己和支持自己的投資者手中，帶領 Facebook 走向成功。

舉這個例子，是為了說明股權分配對確定企業主要負責人的重要性，也是為了提醒企業在設計股權分配方案時，一定要以人才和資金為核心，確保企業的股權分配夠科學、夠合理。

12.2
什麼樣的股權架構更合理

在資本高速流動的時代，每家企業都應該有合理的股權架構，這是強化頂層設計的基礎。合理的股權架構，一方面能夠為團隊建立競爭優勢，另一方面可以讓企業業績實現指數級成長，降低融資難度。在投資過程中，股權架構的優劣，在相當程度上會決定投資的成敗，也會對投資者的利益產生深遠的影響。那麼，究竟什麼樣的股權架構更合理？企業應該如何打造合理的股權架構呢？

12.2.1
如何打造合理的股權架構

投資者應該如何評估和認定企業的股權架構是否合理呢？投資者可以參考三個標準，如圖 12-1 所示。

圖 12-1 合理的股權架構需滿足的標準

第一，簡單明晰。「簡單」是指企業的合夥人盡量不要太多。對初創企業來說，比較合理的配置是 2 ～ 3 個合夥人，這樣彼此溝通會有緩衝地帶。「明晰」是指股東數量、股權比例、代持人、選擇權池等要明晰，以確實保障各方利益。

第二，有一個占股最多的創始人。在企業的合夥人中，應該有一個占股最多的創始人，也就是團隊的「領頭羊」。如果創業團隊沒有一個擁有話語權的人，或者誰都可以對企業決策指手畫腳，那企業的決策效率會很低下，影響企業發展程序，從而對投資者的收益產生很大影響。無論是創業者，還是合夥人，其股權都不能均分，這樣才能確保專案的正常執行和企業的長遠發展。

第三，合夥人之間優勢互補。前面已經說過，一家初創企業的合夥人最好是 2 ～ 3 個，而且這幾個合夥人之間應該展現優勢互補。而對投資者來說，最好不要選擇成員優勢重疊的創業者團隊，因為這樣的團隊不僅可能造成資源浪費，還容易在同一專業領域發生分歧。

12.2.2
警惕「五五」式股權架構

很多時候，剛畢業的大學同學或者有相同理想的同事一起創業，都選擇將股權平均分配，因為這樣看似比較公平，操作起來也非常簡單。但這樣的股權分配方式是非常不合理的。創業者在設計股權架構時，必須摒棄「不患寡而患不均」的想法。

當股東間出現矛盾時，如果企業的股權架構足夠合理，那麼持股比例最多的人，就可以發揮自己的作用，調節矛盾，形成有效的決策。但

有意思的是，如果把「患」字進行拆解，我們會發現「心」的上面是兩個「中」。這恰恰是企業進行股權架構設計的大忌。如果企業有兩個或多個管理中心，那麼它們很有可能成為企業發展過程中的阻礙。

投資者身為提供資金的人，需要盡可能地保障自己的報酬，所以就不可以只考量表面上的公平，而忽視平均分配股權所導致的風險，如股權空間的預留、因為職責過多而引起的心理不平衡、後續投資者進入後的控制權旁落等。

股權有多種分配方式，最差的一種就是均分。因為在企業創立和運作過程中，各方發揮的作用是不一樣的，做出的貢獻也是不同的。

很多創業者會選擇與朋友或親人一起合夥創業。在創業初期，出於朋友或親人間的情誼，他們往往會有平分股權的想法。如果真的平分股權，剛開始時，涉及的經濟糾紛可能較少，弊端也不會明顯地突顯出來。但當企業發展和壯大後，若創業者依然不重視股權分配問題，那就很有可能導致種種不良後果。為了避免這種情況，投資者需要在投資前了解企業的股權分配制度，盡量要求創業者將其做成書面檔案，以便維護自身利益。

12.2.3
股權架構不合理引發投資風險

一拍即合的一群人，在成立企業時，往往秉持著「好朋友不應該過於計較」的原則。所以，即使股權分配缺乏一定的嚴謹度和科學性，看起來也不是什麼大事。然而，企業的發展和變革是沒有人能預料到的。換句話說，一旦股權分配與企業的發展狀況不匹配，曾經最好的朋友，

也可能會因為股權紛爭而心生隔閡，甚至反目成仇。

　　此事也提醒投資者：在對企業，尤其是對合夥企業投資時，必須警覺各合夥人之間因為朋友情誼而忽略了股權分配方案的科學性與嚴謹度。對於企業營運中可能出現的問題，投資者應該提前識別和預防，並為之制定相應的解決措施。

12.3
投資者要參與股權設計

所有投資者都應該意識到，做好企業的股權設計，是做好投資的重要環節，它將直接影響企業的經營與管理及後期的投資報酬。如果股權設計過於簡單、粗糙，那就會是投資路上的絆腳石。

因此，投資者要參與股權設計，並指導企業根據實際情況靈活調整股權結構，而不能指望只要設計好股權結構，就一勞永逸了。

12.3.1
股權是商業文明的里程碑

在投資過程中，我見過形形色色的股權故事，也幫助企業處理過各式各樣的股權事故。這讓我深刻地意識到，股權對企業來說，是非常重要的，甚至可以被認為是商業文明的里程碑。股權一旦出現問題，無論是企業，還是創始人、投資者、股東，都會受到嚴重影響。

知名保險 A 企業曾經引入摩根史坦利（Morgan Stanley）和高盛（The Goldman Sachs Group）兩個外資股東。當時 A 企業在國內尋找資金的難度比較大，便決定採取迂迴策略，引入國外的投資者。摩根史坦利和高盛

以超過每股淨資產 6 倍的價格，購買了 A 企業 13.7% 的股權。

對當時的 A 企業來說，融資更多的是為了解決資金需求。在相關政策的影響下，摩根史坦利和高盛無法進入 A 企業的董事會，只能各自派一位觀察員列席董事會，觀察員沒有投票權。外資通常對董事會運作流程的規範化要求很高，因此，摩根史坦利和高盛要求 A 企業必須使用國際會計師，以保障資訊披露工作順利進行，而且超過一定金額的投資，必須提交董事會審議。

外資的高要求，起初讓 A 企業覺得受到很多限制。因為 A 企業聘請國內會計師的年度費用往往不會超過 20 萬元，如果聘請國際會計師，那麼至少要花費 200 萬元以上，成本太高。在這種不得不接受外資要求的情況下，A 企業逐漸體會到外資的管理智慧。

當時在國內，很多保險企業對承保虧損不是非常在意，認為投資獲得的收益可以彌補。但是，摩根史坦利和高盛為 A 企業帶來了與眾不同的國外經驗。外資通常會認為，承保虧損的保險企業可能不會立即倒閉，但過了 10 年、20 年後，倒閉的可能性會非常大。因此，像 A 企業這種規模比較大的企業，要盡量保證承保業務是獲利的，這樣才能變大、變強。

從摩根史坦利、高盛兩個外資股東身上學到很多管理經驗後，A 企業深刻地意識到優秀的投資者對企業發展的意義。隨後，A 企業開始尋找更專業的投資者。這麼做的目的，一方面滿足自身日益成長的資金需求；另一方面，與這些投資者實現策略上的強強聯手，幫助自己開拓國際市場。

基於這樣的策略，A 企業遇到了 HSBC。HSBC 投資 6 億美元，獲得了 A 企業 10% 的股權。同為國際領先的金融控股集團，與摩根史坦利、

高盛相比，HSBC 擁有更專業和領先的風控及合規管理能力。事實證明，A 企業引入 HSBC 的決定是正確的。

　　HSBC 在入股 A 企業後，首先從內部控制、風險管理等方面入手，提出很多意見和建議，並幫助 A 企業建立了統一的 IT 系統。A 企業不斷向 HSBC 學習，引入先進的經營經驗，與外資股東彼此賦能、互惠互利，使管理措施和股權模式日益優化，業務逐漸走向成熟，完成了股權多元化、合理化的轉變，找到了一條適合自己的發展道路。

12.3.2
股東眾多不可取

　　就股權設計來說，外部股權過多是一個「死穴」，這個「死穴」通常會出現在初創企業中。如果企業缺乏啟動資金及高素養人才，而且無法正確認知自己的價值，無法對股權進行合理規劃，那麼就很可能出現這種情況：大量引入投資者，導致股東眾多。這樣不僅會削弱創始人對企業的控制權，還會損害後續融資輪次的投資者的權益。

　　因此，當投資者過多，企業出現大量股東時，為了保證管理、決策效率，創業者可以要求其他股東將簽字權授予董事會成員指定的人。這樣在需要股東們簽署股東會決議時，就不會因為需要每一位股東簽字，而讓決議無限期推遲下去，從而有利於提高團隊的執行力。

　　在做投資的這些年裡，我見過很多創始人犯過盲目融資的錯誤。在創業初期，他們為了獲得更多啟動資金，引入太多投資者，並為其發放大量股權。然而，其中一些投資者可能提供的價值有限，導致他們的

股權與他們所做的貢獻嚴重不匹配。久而久之，創始人和團隊失去了動力，企業內部和股東之間矛盾重重，使企業難以發展，不得不走向倒閉。

綜上所述，企業不應該發放過多的外部股權。此外，企業還要為後續進入的投資者預留一部分股權。這些投資者會對股權結構產生影響，即原有股東的股權會被稀釋，從而出現控制權旁落的情況。例如，賈伯斯、馬斯克都曾經有因為控制權旁落而不得不離開自己一手創辦的企業的經歷。

反觀 Facebook，它透過雙重股權架構設計，再加上簽訂表決權代理協定，使其創始人祖克柏牢牢地掌握控制權，能夠決定企業的發展策略和經營方向。當然，正因為如此，Facebook 才得以成為市值超高的網路大廠，投資者也從中獲得鉅額報酬。

如果企業沒有在前期預留出股權，而是將股權全部劃分完畢，那麼就會影響到新進投資者的投資意願，還會對原有股東的利益造成影響。此外，如果從其他股東手中收回股權給新進投資者，不僅費時、費力，還會傷了其他股東的心，繼而阻礙企業擴張。

因此，為了能夠在未來的發展中吸引更多投資者，獲得更多資金，創業者需要在前期預留一部分股權，這也是為企業的進步與成長創造空間。

12.3.3
確立創始團隊「權、責、利」

秉持著對企業負責的原則和態度，創始團隊會積極參與實際的營運和管理中。然而，當各成員之間的任務不明晰，就容易出現推諉的情

況。對創業者和投資者來說，明晰的「權（權利）、責（責任）、利（利益）」，是維護公平、保障合作穩定的基石，三者必須相輔相成，保持一致。

此外，企業應該根據各成員所做的貢獻，為其分配股權。做出較多貢獻的成員，可以適當地占據企業較大比例的股權，以此類推。當然，占據股權比例越大的成員，享有的權利和承擔的責任也越大，獲得的利益也越豐厚。這裡需要注意的是，貢獻通常是看不見、摸不到的，此時就需要投資者掌握量化貢獻的方法。以下藉助一個案例進行說明。

卡爾（Carl）、馬特（Matt）、萊納德（Leonard）、布羅德里克（Broderick）在大學畢業後共同成立了一家科技企業，他們各自的角色如下所示。

（1）發明人員（卡爾）：領域內公認的引領者，有很強的綜合能力。

（2）商務人員（馬特）：為企業帶來業務，為員工充實行業知識。

（3）技術人員（萊納德）：發明人員的得力助手。

（4）研究人員（布羅德里克）：因為某些契機開始創業，目前不會對企業做出太大貢獻。

如果他們均為第一次創業，而且缺乏相關經驗，那麼股權很可能這樣設計：每個人得到 25% 的股權。對卡爾、馬特等人來說，這樣的結果其實是不公平的。良好的股權設計方案，應該是對每個人做出的貢獻進行量化，按照從 0 分到 10 分的等級評分。

對科技企業來說，比較重要的貢獻有四種，分別是創業觀點、商業計畫書、領域專業性、擔當與風險。不同的貢獻還需要有不同的重要程度（單位：級），如表 12-1 所示。

表 12-1 貢獻的重要程度

貢獻	重要程度	卡爾	馬特	萊納德	布羅德里克
創業觀點	7級				
商業計畫書	2級				
領域專業性	5級				
擔當與風險	7級				
資金	6級				

之後可以把每個人的分數與貢獻的重要程度相乘，計算出一個加權分數；把每個人的加權分數加在一起，得到一個總分數，根據總分數判定股權比例。對股權比例的合理性進行檢查，判斷其是否符合邏輯，如果沒有問題，便可以正式投入使用，如表 12-2 所示。

表 12-2 四位成員的貢獻值

貢獻	卡爾	馬特	萊納德	布羅德里克	
創業觀點					
商業計畫書					
領域專業性					
擔當與風險					
資金					

					合計
總分數					
股權比例					

　　透過上述方法，對每個人的貢獻進行量化後，企業幾乎就不會存在平分股權的情況，也不會出現權、責、利不明晰的現象。投資者在參與股權設計時，需要考量每個人過去、現在、未來可以為企業做出的貢獻。這是一種量化的分配股權模式，可以使股權分配更公平、合理。

　　不過大家請注意，上文對各類貢獻的權重和分數只是案例使用，不具備普適性。想要使用這個方法的創業者，還是應該結合自身業務和企業發展情況，對其進行優化和調整。

12.3.4
用法律武器保護股權公平

　　股權是投資者和創業者之間的一個重要關聯點，也是雙方合作的基礎和利益的核心，同時也是導致矛盾爆發的「導火線」。創業者應該慎重地給予投資者股權，以保護自己的控制權；而投資者為了實現最大化，自然也希望對企業的重要事件和關鍵業務擁有一定的決策權。

　　例如，創業者想以某個價格將企業整體出售，而身為占有股權比例較小的投資者，卻認為當前不是好的出售時機，交易對價和支付方式也不理想，那麼投資者有權阻止此次交易嗎？如果雙方沒有提前約定相關條款，那麼投資者此時只能眼睜睜地看著創業者賣掉企業。

　　因此，在投資過程中，投資者要學會用法律武器保護股權公平。很

多時候，保護條款的範圍、廣度、深度可能有所不同，需要根據雙方的地位和專案的實際情況來決定。目前比較常見、有利於保護投資者利益和股權公平的條款，包括以下幾個。

1. 一票否決權

投資者一般會以較高的溢價進行投資，而且在完成投資後，會在企業占據一部分股權。此時如果僅遵循一般的「資本多數決策」原則，那麼持有股權比例較小的投資者，在企業的重大事件上，無法產生任何實質影響力。這是投資者需要考量的一個風險因素。

因此，在投資時，投資者會爭取在股東會或董事會，對重大事件擁有一票否決權。投資者是否可以獲得一票否決權，與其所占據的股權比例、投資規模及其能為企業提供的價值相關。

2. 董事會和董事保險

矽谷流行一句話：「Good boards don't create good companies, but a bad board will kill a company every time.」大意是：「好的董事會不一定會讓企業成功，但糟糕的董事會一定可以毀掉企業。」鑑於董事會和股東會的召開頻率及參與人員的專業差異度等多方面原因，企業的很多重大事件，往往是在董事會被決策的。

因此，對投資者而言，占據一定的董事會席位，除了可以防止創始團隊為了自己的利益，以較低的價格出售企業外，還可以利用董事會決策，避免損害投資者利益的情形發生。在創立初期，董事會成員一般為 3～5 人，創始團隊保留企業的絕對控制權。等到企業獲得發展後，董事會成員會增加為 7～9 人，有時還會引入外部董事，即經驗豐富的創業者、學者或高階管理人員等。

　　如果因為投資額低，股權比例有限，導致投資者無法在企業中爭取到董事會席位，那麼投資者可以爭取董事會觀察員席位。觀察員一般能夠收取和審閱董事會會議數據、列席董事會會議，但沒有法定權利在會議上發言和投票。不過，這樣至少可以保證投資者了解企業目前的發展情況和重大事件的決策結果。

　　在公司的董事會中，很多董事都是 CEO 的朋友或與其志同道合的人，這不一定是壞事。當創始人和董事會有足夠的眼光和經驗做出好的發展決策時，一致的思路能夠形成合力，加速企業成長。但有人的地方就有「江湖」，無論法律還是規章，最終在背後發揮決定性作用的，還是人。這也是我一直強調早期投資要投人的原因。

　　由於董事在履行職責的過程中，可能因為單獨或共同實施的不當行為，讓企業、股東、員工、消費者等造成傷害，因此其有較高的職業風險和經營責任風險。雖然很多時候，董事並非有意為之，但如果不對其權利加以保護，那麼同樣會削弱其創新精神。

　　一般來說，非上市企業受到的監管壓力和要求，比上市企業更低，但我還是建議，如果投資者在初創企業擔任董事，那就應該盡可能地要求企業為自己購買責任保險。尤其是在高風險行業和相關法律法規尚不健全的新興領域，董事面臨的風險更大。

3. 同比例跟投

　　在早期專案中，投資者的投資額和所占專案股權比例通常不會太高，因為專案還處於早期發展階段，未來發展情況尚不明朗。儘管如此，投資者依然會與初創企業簽訂同比例跟投條款，以確保自己可以鎖定那些在創業泥淖中突圍而出的贏家。更實際地說，投資者投資的眾多

專案總是有盈有虧，最終決定其總體表現的，是少數明星專案。

同比例跟投條款可以保障投資者在企業的後續融資中持續加碼，獲得更多股權，賺取更豐厚的報酬。如果出現明星專案，投資者也享有跟投權，但當投資者核心基金的儲備資金耗盡或不足時，應該怎麼辦呢？這時基金管理層可以透過設立特殊機會基金（Special Opportunity Fund）的方式，參與明星專案的後續融資。

一般來說，特殊機會基金的單筆投資額會大於核心基金，但募集規模通常會小於核心基金。在募集資金時，創業者需要關注特殊機會基金與核心基金的潛在利益衝突，並打消投資者的顧慮。目前許多基金管理人已經設立專門的特殊機會基金，用於跟投核心基金已經投資的明星專案。

4. 創始團隊股權兌現

在矽谷，比較常見的股權兌現條款，是創始團隊的股權要分 4 年。也就是說，創始團隊必須為企業服務滿 4 年，才能拿到所有股權。在這個過程中，創始團隊每年可以兌現 1/4 的股權，每月可以兌現 1/48 的股權。

當企業達到一定規模但還未上市時，創始團隊可以出售部分股權給投資者。董事會通常會允許此類事情發生，從而讓創始團隊的生活有所保障。但在企業規模還不理想時，創始團隊如果將股權過早兌現，則會存在一些弊端。因為這意味著創始團隊和企業發展的利益連結變弱，或者創始團隊產生了其他更迫切的需求，這可能會讓企業失去發展原動力。這就像在乳牛還沒長大時就開始擠奶，從長遠來看，這種做法對乳牛一定有很大損害。

　　此外，矽谷還會有一個為期 1 年的「階梯」（cliff），即 1/4 的股權，創始團隊需要為企業服務滿 1 年才能獲得，剩餘的在未來 3 年內，按月或按季度兌現。這樣可以防止創始團隊隨意離開企業，對專案進展造成不良影響。

　　有些創業者剛開始可能無法理解，自己一手創立的企業，股權本來就是自己的，為什麼引入投資者後，股權就必須分幾年才能拿回來？其實從另一個角度想，股權兌現條款不僅對投資者有好處，可以幫助投資者降低投資風險，且對創業者也有好處。

　　試想，如果沒有股權兌現條款，那麼在創業過程中，一旦有成員離開創始團隊，留下來的成員都將要為他（她）工作，這是大家都不想看到的情形。

　　正如我一直強調的，股權是利益的核心，股權的分配和變化，是一切投資行為的基礎。無論是投資者，還是創業者，在進行股權相關決策時，都必須審慎。如果大家能夠多研究成功企業的股權架構，再化為己用，那麼將會有事半功倍的效果，也能幫助企業健康、平穩地發展下去。

後記

　　行文至此，我已經比較系統地為大家整理並介紹了有關投資的一些入門知識和核心邏輯。本書的內容匯聚了我從業至今的所思、所想。本書撰寫的過程，也是我對自己投資經歷和投資邏輯的一次檢視與整理，我從中獲益良多。本書的內容都是我的個人觀點，難免會有疏漏。如有尚待補實之處，歡迎大家指正。

　　旅美 30 餘載，感慨萬千。我從當年青澀的學子，一路走到今天，獲得的支持和遇見的善意不勝枚舉。本書滿懷本人的誠意，是我對過往的一種致謝和懷念。如果這 12 章的內容，能對正在讀本書的讀者有一絲幫助或啟發，那麼本書就有意義。

　　70 年悠悠歲月，如今的投資領域已經和它最初面世時大有不同。從一個新興的商業扶持形式，再到如今全球經濟的「加速器」，乃至未來科技與人類社會邊界的核心推動力，投資在世界經濟與發展中扮演的角色，已經發生了翻天覆地的變化，而這種變化將永遠持續下去。

　　現在投資的影響對象已經從地面「飛」到了太空，而這場「遊戲」的參與者，也從極少數有能力、有財力的菁英分子，擴展到有志於此的所有普羅大眾。例如，領投＋跟投等模式的出現，讓每個有興趣的人，都有機會透過遠端連線的方式，與專業投資者一起對新奇、有趣、具有顛覆性的專案發起聯合投資。這是時代和科技的恩賜。

　　對投資者和創業者來說，歷史上從來沒有任何時代，比當今更尊重

科技發展和創新創業；沒有任何時代，比當今給予創業者和投資者的回報更大；更沒有任何時代，比當今賦予創業者和投資者的敬意與尊重更高。而且，在現實世界中，遙遠的物理距離，正在被不斷革新的科技，透過虛擬的方式縮短，從而逐漸形成一個不曾有過的巨大市場。

同等程度的顛覆和革新，在當下能夠產生的價值和對社會造成的影響，也是遠遠超過以往任何一個時代的。因此，投資的重要性也達到了有史以來的巔峰。

創業從來都不是一件容易的事，尋找有價值的專案並成功投資，更是難上加難。但當全民創業和全民投資成為時代浪潮，每個人都應該做的，就是盡可能地了解和學習更多知識，積極擁抱變化和革新，並尋找、掌握每一個屬於自己的機會。

身為投資從業者，我很幸運能夠在 21 世紀初就進入這個領域，並獲得一定的成功。我深知今日所擁有的一切都不是理所當然，除了自己的努力外，還有時代發展和運氣使然。因此，我永遠懷著謙卑和感恩之心，也希望自己所做的一切能夠不負今日所得。

感謝多年來不斷向前的自己。正是得益於從校園開始的每一次踏步，我才能不斷地觸碰和探索新世界，才能一路實現自己遙不可及的夢想。

感謝我的家人，這麼多年，他們對我無條件地支持，是我一路前行的最大勇氣。

感謝我的朋友，在我每一次有需要時，給予我無盡的指導和幫助，讓我在人生幾乎所有的十字路口，都幸運地選對了方向。

感謝我的同事，讓我能夠透過自己創立的豐元資本，與志同道合的他們相遇，一起用我們的能力、經驗、資源，為創業者們賦能，與創業者們共同開啟全新的未來。

豐元資本合夥人徐霄羽博士、朱會燦博士、李強、吳軍博士（從左向右）

感謝這個時代，讓身處投資領域的我，能夠和其他人一樣，成為時代發展浪潮的見證者和參與者，成為當下世界的一個最鮮活的注腳。

最後，感謝讀至此處的你——我的讀者。無論你從事哪種職業，無論你對投資是否感興趣，甚至無論我們是否會相見，我都衷心地祝願你能夠勇於探索、積極嘗試。在這個過程中，不管是跌跌撞撞也好，一帆風順也罷，我都祝福你能夠大膽追夢、不負此生。

布局投資，從初步策略到高階執行：

可行性預測 × 市場數據 × 股權分配 × 現金流控管……從內行視角看投資的門道，不要只知道高風險高回報！

作　　者：李強

發 行 人：黃振庭

出 版 者：財經錢線文化事業有限公司

發 行 者：財經錢線文化事業有限公司

E-mail：sonbookservice@gmail.com

粉 絲 頁：https://www.facebook.com/sonbookss/

網　　址：https://sonbook.net/

地　　址：台北市中正區重慶南路一段六十一號八樓 815
室

Rm. 815, 8F., No.61, Sec. 1, Chongqing S. Rd., Zhongzheng
Dist., Taipei City 100, Taiwan

電　　話：(02)2370-3310

傳　　真：(02)2388-1990

印　　刷：京峯數位服務有限公司

律師顧問：廣華律師事務所 張珮琦律師

定　　價：420 元

發行日期：2024 年 05 月第一版

◎本書以 POD 印製

國家圖書館出版品預行編目資料

布局投資，從初步策略到高階執
行：可行性預測 × 市場數據 × 股
權分配 × 現金流控管……從內行
視角看投資的門道，不要只知道高
風險高回報！/ 李強 著 . -- 第一版 .
-- 臺北市：財經錢線文化事業有限
公司 , 2024.05
面；　公分
POD 版
ISBN 978-957-680-884-5(平裝)
1.CST: 投資 2.CST: 策略規劃
563　　113006111

電子書購買

臉書

爽讀 APP